Erfolgreich Vermieten

Richtiges Vermieten von Wohnungen
und Häusern
mit Formularverträgen

von

Peter Schüller
Rechtsanwalt und Fachanwalt für
Miet- und Wohnungseigentumsrecht

4. Auflage

Verlag C.H. Beck München 2015   **RNK**VERLAG

Vorwort

Etwa 60 % der Bundesbürger wohnen zur Miete. Bundesweit hat jeder fünfte Rechtsstreit vor deutschen Gerichten mietrechtliche Bezüge. In Ballungszentren wie Berlin liegt die Quote noch höher. Hier ist jeder dritte Rechtsstreit dem Mietrecht zuzuordnen.

Ausgangspunkt für die Meinungsverschiedenheiten zwischen den Parteien eines Mietvertrages ist die Tatsache, dass die Mietsache auf Vermieterseite immer einen erheblichen Teil des Vermögens und auf Mieterseite den Lebensmittelpunkt darstellt. Aus diesen gegensätzlichen Interessen können sich viele Streitigkeiten ergeben. Die vorliegende Broschüre will jedem Verwender der eingehefteten Vertragsmuster, also dem Vermieter, eine Hilfestellung geben, um möglichst schon zu Beginn des Mietverhältnisses Streitpunkte zu vermeiden. Dabei orientiert sich der Aufbau dieser Broschüre an den einzelnen Regelungen des eingehefteten „Wohnungs-Einheitsmietvertrages" und stellt die Spezialregelungen des „Vertrages für die Vermietung eines Hauses" kurz an entsprechender Stelle dar.

Oftmals handeln Vermieter anfangs noch im guten Glauben, es werde *„schon alles gut gehen"*. Doch der Volksmund zitiert nicht ohne Grund jene berühmten Zeilen aus dem Gedicht „Das Lied von der Glocke" von Friedrich Schiller: *„Drum prüfe, wer sich ewig bindet"*. Wegen des starken Kündigungsschutzes kann es durchaus schwieriger sein, einen Mietvertrag zu kündigen, als eine Ehe zu scheiden.

Die tägliche Beratungspraxis zeigt, dass Haus- oder Wohnungseigentümer ihre Eigentumsrechte an einem vermieteten Objekt überschätzen. Jedem Vermieter soll von Anfang an bewusst sein, dass sein Mieter durch einen Mietvertrag ein starkes, eigentumsgleiches Recht erwirbt, das in vielfacher Hinsicht durch **zwingende gesetzliche Regelungen** (das bedeutet, dass man in einem Vertrag in dieser Hinsicht nichts anderes regeln darf. Tut man es doch, ist es nicht wirksam) zusätzlich gestärkt wird (soziales Mietrecht).

Viele Paragraphen des deutschen Mietrechts sind gar nicht vertraglich abdingbar (= durch Vertrag änderbar), wie etwa eine leichtere Kündigungsmöglichkeit des Vermieters. Manches kann geändert werden, wenn kein Verstoß gegen das Recht der Allgemeinen Geschäftsbedingungen vorliegt. Daran müssen sich alle Mietverträge messen lassen, die für eine sog. „Vielzahl von Fällen" bestimmt sind („gesetzliche Inhaltskontrolle"). Dies liegt schon vor, wenn der Vermieter einen Mietvertrag verwendet und beabsichtigt, ihn noch einmal (evtl. für eine andere Wohnung) zu verwenden oder ihn bereits einmal verwendet hat.

Das Mietrecht ist stark von **Richterrecht** geprägt. Es empfiehlt sich daher schon bei aufkeimenden Problemen während der Nutzungszeit (Mietzeit), anwaltlichen Rat einzuholen, also sobald der Mieter wegen angeblicher Mängel die Miete mindert, gegen die Hausordnung verstößt oder nicht oder unpünktlich seine Miete zahlt. Dem Laien ist es hier nahezu unmöglich, die ergangene Flut von

Einzelentscheidungen auf den eigenen (Einzel-)Fall anzuwenden. Als Paradebeispiel ist hier insbesondere die Höhe des Minderungsrechts eines Mieters bei Mängeln zu nennen. Die Bemessung der sogenannten Minderungsquote obliegt im Streitfall allein dem jeweils zuständigen Gericht und ist nur bedingt vorhersehbar.

Die jüngere Beratungspraxis zeigt zudem, dass rechtlicher Rat immer häufiger im Internet gesucht wird. Vorsicht: Die Informationen im Internet sind oft missverständlich und manchmal gar falsch.

Die vorliegende Informationsschrift will dazu beitragen, die Formulare richtig auszufüllen, einfache Probleme selbst zu lösen und zu erkennen, wann die Einholung sachkundigen Rates sinnvoll ist. Mietrechtliche Probleme können so frühzeitig erkannt und bereits im Vorfeld einer Auseinandersetzung ergebnisorientiert behandelt werden. Die Broschüre orientiert sich grundsätzlich an der Paragraphenreihenfolge der eingehefteten Formularverträge. Innerhalb der Darstellung der einzelnen Paragraphen werden dann häufig die in der Praxis bedeutungsvolleren Themen vorangestellt und im Sachzusammenhang erklärt.

Die 4. Auflage berücksichtigt bereits die Änderungen des Mietrechts durch das am 1. Juni 2015 in Kraft tretende Gesetz zur Dämpfung des Mietanstiegs auf angespannten Wohnungsmärkten und zur Stärkung des Bestellerprinzips bei der Wohnungsvermittlung (Mietrechtsnovellierungsgesetz – MietNovG) sowie aktuelle Neuerungen der Rechtsprechung zu dem sich ständig verändernden Rechtsgebiet. Wegweisende Entscheidungen zu Betriebskosten und Schönheitsreparaturen sind praxisnah eingearbeitet.

Berlin, im Mai 2015
Peter Schüller
Rechtsanwalt und Fachanwalt für Miet- und Wohnungseigentumsrecht
HEYMERADER Rechtsanwälte, Berlin
www.heymerader.de

Inhaltsverzeichnis

Einleitung

1. Allgemeines zum Mietvertrag

Mietvertrag

Der Mietvertrag ist ein Vertrag über die Überlassung einer beweglichen oder unbeweglichen Sache gegen entsprechendes Entgelt. Damit ist der wesentliche Vertragsinhalt abgesteckt: Haben sich Vermieter und Mieter über den Mietgegenstand und seine Entgeltlichkeit (auch mündlich) geeinigt, liegt ein Mietvertrag vor. Alle Regelungen, die vertragliche Haupt- oder Nebenpflichten der Parteien regeln sollen, müssen durch einen Vertrag, den **Mietvertrag**, vereinbart werden. Fehlen solche Regelungen oder verstoßen sie gegen „zwingendes Recht" (= Regelungen im Gesetz, die nicht geändert werden können), gilt das **gesetzliche Mietrecht**, das in den **§§ 535 ff. BGB** geregelt ist.

2. Mietzeit

maximal 30 Jahre

Ein Mietvertrag kann **nicht länger als 30 Jahre** geschlossen werden. Allerdings ist es möglich, den Mietvertrag für die **Lebenszeit** des Vermieters oder Mieters (s.u. S. 9) zu schließen oder auch die Kündigung für die Lebenszeit eines Teils auszuschließen. Bei mehreren Mietern oder Vermietern kommt es auf die Lebenszeit des zuletzt Versterbenden an. Auch diese Verträge bedürfen der **Schriftform**, wenn die Parteien davon ausgehen, dass die Vertragsdauer im Hinblick auf die Lebenszeit länger als ein Jahr dauern wird.

3. Vereinbarungen zum Nachteil des Mieters

Vereinbarungen zum Nachteil des Mieters

Zahlreiche Vereinbarungen **zum Nachteil des Mieters** sind gesetzlich **verboten**. Hinweise dazu finden Sie an den entsprechenden Stellen der Broschüre.

Tipp: *In der Mitte der Broschüre sind* **zwei Musterverträge in doppelter Ausfertigung** *eingeheftet, die herausgetrennt werden können. Es handelt sich um zwei Exemplare des „Wohnungs- Einheitsmietvertrags" und zwei Exemplare des Vertrags zur „Vermietung eines Hauses mit Hausordnung". Aus produktionstechnischen Gründen liegt jeweils die letztes Seite jedes Vertrages oben.*

Bitte trennen Sie z.B. den Wohnungs-Einheitsmietvertrag heraus und lesen Sie ihn zusammen mit der Broschüre, die sich an den Mustermietverträgen orientiert. Füllen Sie ihn dann vollständig aus und übertragen Sie alles in den zweiten Vertrag, den Sie ebenfalls herausgetrennt haben. **Beide – gleichlautenden – Verträge müssen von allen Vertragspartnern unterschrieben werden!** *Ein Exemplar ist für Ihre Unterlagen als Vermieter, das andere für die Unterlagen des Mieters bestimmt.*

Bitte schneiden Sie den Mustervertrag selbst nicht auseinander! *Er muss aus rechtlichen Gründen immer* **eine** *Urkunde bilden.*

Anmerkungen zu den Formularmietverträgen

zum Kopf der Formulare – Die Vertragsparteien des Mietvertrages (vor § 1 des Wohnungs-Einheitsmietvertrages/ vor § 1 des Vertrages für die Vermietung eines Hauses)

1. Vertragsparteien

Vertragsparteien

Im Kopf des Mietvertrages, dem sogenannten Rubrum, sind die **Vertragsparteien** des Mietvertrages genannt. Bei der Bezeichnung der Vertragsparteien ist zu beachten, dass diese eindeutig bestimmt sind. Unklare oder unrichtige Bezeichnungen der Vertragsparteien oder Vertretungsverhältnisse führen zu einem Verstoß gegen das Schriftformgebot.

Natürliche Personen

Bei **natürlichen Personen** (= Menschen) genügt die Angabe des vollständigen Namens und der aktuellen Anschrift auf Vermieter- und Mieterseite. Sind mehrere Personen auf Vermieter- und/oder Mieterseite (sog. BGB-Innengesellschaft) vorhanden, ist bei Unterzeichnung des Mietvertrages darauf zu achten, dass **alle Vertragspartner** den Mietvertrag unterschreiben. Unterschreibt nur einer von ihnen, wird das Mietverhältnis auch nur mit diesem begründet, egal, wer im Rubrum steht.

Vertreter

Sollte sich eine Vertragspartei bei Abschluss des Mietvertrages **vertreten** lassen, sind zusätzlich entsprechende Angaben zum Vertreter aufzunehmen. Bei Unterzeichnung ist darauf zu achten, dass der Vertreter mit dem Zusatz „i.V." (in Vertretung) unterzeichnet.

Ehepaare

Wird ein Mietvertrag mit einem **Ehepaar** geschlossen, aber nur einer unterschreibt, muss dieser zusätzlich „i.V." für den anderen Ehepartner unterzeichnen. Unterzeichnet nur einer der beiden, kommt das Mietverhältnis nur mit diesem zustande. Im umgekehrten Fall jedoch, wenn das Rubrum nur einen Mieter aufführt, aber beide Eheleute den Vertrag unterzeichnet haben, werden beide Eheleute Mietvertragspartner. Die Unterschrift ist also entscheidend.

Vermietung durch Miteigentümer/ Ehepaar

Gehört die Wohnung oder das Haus mehreren Eigentümern (beispielsweise Geschwistern oder Ehepaaren), empfiehlt sich die Aufnahme **aller Eigentümer** als Vermieter. Dies wird insbesondere dann wichtig, wenn eine Kündigung wegen Eigenbedarfs ausgesprochen werden soll. Denn Eigenbedarf kann nur geltend machen, wer auch Vermieter ist. Ein nachträgliches Eintrittsrecht auf Vermieterseite hat derjenige, der zum Zeitpunkt des Vertragsschlusses bereits Eigentümer war, aber nicht unterschrieben hat, **nicht**.

Minderjährige

Schließlich ist in allen Konstellationen darauf zu achten, dass die Vertragspartner auch **geschäftsfähig** sind, da anderenfalls kein Vertragsverhältnis begründet wird. Vor Vertragsschluss sollte durch Vorlage des Personalausweises oder Reisepasses geprüft werden, ob der Mietinteressent **volljährig** ist. Sollte sich herausstellen, dass einer oder gar alle Vertragspartner noch nicht volljährig sind, muss der Mietvertrag mit dem **gesetzlichen Vertreter** geschlossen werden, also im Regelfall mit den Eltern.

Tipp: *Bei Minderjährigen sollten Sie die Eltern (mit-)unterschreiben lassen, siehe auch S. 46.*

2. Wechsel der Vertragsparteien

a) Echter Nachmieter

Nachmieter

Ein Wechsel der Vertragsparteien ist auch ohne Beendigung des Mietvertrages durch eine entsprechende Vereinbarung (sog. **echter Nachmieter**) möglich. Hierzu müssen Vermieter, Mieter und der in den Vertrag eintretende Nachmieter eine dreiseitige Vereinbarung schließen, die von allen unterzeichnet wird.

Es empfiehlt sich, sachkundigen/rechtsanwaltlichen Rat einzuholen.

b) Tod des Mieters

Das Gesetz regelt, wie beim **Tod eines Mieters** zu verfahren ist. Die gesetzlichen Regelungen sind zwingend. Sie können nur dadurch abbedungen (also etwas anderes im Vertrag vereinbart) werden, dass die Laufzeit des Mietvertrages an die Lebenszeit des Mieters oder Vermieters geknüpft ist.

Es empfiehlt sich, sachkundigen/rechtsanwaltlichen Rat einzuholen.

zu § 1 – Mieträume (Wohnungs-Einheitsmietvertrag)/
zu § 1 – Mietobjekt (Vertrag für die Vermietung eines Hauses)

1. Mietgegenstand

Mietobjekt

Die Regelung in § 1 des Mietvertrages dient dazu, den dem Mieter zu überlassenden **Mietgegenstand** genau zu bezeichnen.

Genaue Beschreibung

Es ist zwingend erforderlich, die genaue Lage des Objekts sowie zur Identifizierbarkeit zumindest die Anzahl der Räume und Nebenräume festzuhalten. Bei der Vermietung eines Hauses gehören grundsätzlich alle Räume zum Mietgegenstand. Einzelne Räume können nicht vom Mietgegenstand ausgenommen werden.

Keller, Gemeinschaftsräume u.Ä.

Wird z.B. ein **Kellerraum** mitvermietet, ist dies hier kenntlich zu machen. Sofern es sich bei dem Mietobjekt um eine Eigentumswohnung handelt, ist genau zu prüfen, ob **Sondereigentums-** oder **Sondernutzungsrechte** an einem Kellerraum bestehen. Sofern Gemeinschaftsräume wie Wasch- und/oder Trockenraum etc. zur **gemeinsamen Nutzung** überlassen werden, sind diese ebenfalls zu bezeichnen.

Garten Ist beim Vertrag für die Vermietung eines Hauses vereinbart worden, dass der Mieter auch das **zugehörige Grundstück (Gartenanlage)** nutzen darf, hat er im Rahmen seiner vertraglichen Obhuts- und Sorgfaltspflichten auch einfache Pflegearbeiten im Garten wie Unkrautjäten und Rasenmähen, nicht jedoch das Beschneiden von Bäumen oder Vertikutieren des Rasens, auszuführen. Schließlich kann vereinbart werden, wem die Früchte der Obstbäume oder -sträucher etc. zustehen. Ist nichts hierzu vereinbart, stehen die Früchte im Zweifel dem Mieter zu.

Wohnungsgröße Die genaue Angabe der **Wohnungsgröße** ist nicht erforderlich. Sie ist aber sinnvoll, wenn Betriebskostenvorauszahlungen vereinbart sind, über die abgerechnet wird, oder wenn die Miete erhöht werden soll. Vereinbaren die Vertragsparteien eine bestimmte Fläche des Mietgegenstandes, ist diese Größe verbindlich. Eine **Abweichung von mehr als 10 %** zwischen tatsächlicher und vereinbarter Wohnungsgröße stellt einen Mangel dar, der zu einem Minderungsrecht des Mieters führt.

 **Vorsicht:** *Da die Minderung der Miete automatisch kraft Gesetzes eintritt, ist der Mieter sogar berechtigt, die von ihm in der Vergangenheit möglicherweise zu viel gezahlte Miete zurückzuverlangen.*

Gleiches gilt, wenn der Vermieter die Miete erhöhen will und feststellt, dass die Räumlichkeiten z.B. kleiner sind als vereinbart. Auch hier gilt die 10 %-Grenze mit der Folge, dass die tatsächliche Fläche zugrunde zu legen ist. Die Mieterhöhung muss also geringer ausfallen bzw. der Mieter hat ein Minderungsrecht. Ratsam ist daher, die Räume vor Vermietung nach anerkannten Regeln vermessen zu lassen.

 **Tipp:** *Kontaktieren Sie hierzu ein örtliches Vermessungsbüro. Die gesetzlichen Vorschriften sind streng und unbedingt einzuhalten, sonst kann es zu den Flächenabweichungen kommen.*

2. Zubehör

Zubehör Ist Zubehör in der Mietsache vorhanden, wie etwa eine **Einbauküche**, erstreckt sich das Gebrauchsrecht auch darauf und unterfällt der **Erhaltungspflicht des Vermieters**. Diese kann aber im Mietvertrag ausgenommen oder auf den Mieter übertragen werden.

Tipp: *Wollen Sie bestimmte Gegenstände (wie beispielsweise Einbauschränke oder eine Einbauküche) vom Mietgegenstand ausnehmen, weil sie entweder vom Vormieter zurückgelassen wurden oder aber aus anderen Gründen nicht der Unterhaltungspflicht des Vermieters unterliegen sollen, müssen Sie dies ausdrücklich mit dem Mieter vereinbaren. Eine entsprechende Vereinbarung können Sie mit dem Mieter zusätzlich in § 20 des Mustermietvertrages treffen. Dabei ist jedoch – ähnlich wie bei den Schönheitsreparaturen – zu beachten, dass der Mieter nicht unangemessen benachteiligt wird.*

Formulierungsbeispiel (bitte beachten Sie, dass es wegen der Vielzahl der Einzelfälle und der nicht einfachen Rechtslage keine für alle Fälle wirksame Formulierung geben kann! Es empfiehlt sich, den Rat eines Rechtsanwalts einzuholen!):

Die in der Küche befindliche Einbauküche ist nicht Bestandteil der Mietsache. Dem Mieter wird jedoch – sofern gewünscht – die Nutzung der Einbauküche gestattet. Der Vermieter übernimmt für die Einbauküche allerdings keinerlei Instandhaltungs- und Instandsetzungsverpflichtung. Die gewöhnlichen Kosten der Erhaltung trägt der Mieter. Veränderungen oder Verschlechterungen der Einbauküche, die über eine gewöhnliche Nutzung hinausgehen, hat der Mieter auf eigene Kosten zu ersetzen oder dem Vermieter nach erfolgloser Aufforderung zur Beseitigung die notwendigen Kosten zu erstatten.

Achtung: *Feste Bestandteile der Mietsache wie Fenster, Türen, Sanitäreinrichtungen oder die Heizungsanlage können nicht vom Mietgegenstand ausgenommen werden.*

3. Aushändigung der Schlüssel

Schlüssel Dem Mieter müssen alle (meist zwei) **Schlüssel** ausgehändigt werden. Der Vermieter ist nicht berechtigt, einen oder mehrere Schlüssel zu behalten, da er **kein Zutrittsrecht** hat. Hält der Vermieter Schlüssel zurück, kann der Mieter Herausgabe verlangen.

4. Gebrauchsgewährungspflicht

nur zu Wohn- Die Beschränkung der Nutzung zu **Wohnzwecken** ist gleichsam Grundlage für
zwecken die Bestimmung des vertragsgemäßen Gebrauchs und damit die **Gebrauchsgewährungspflicht** des Vermieters, also die von ihm zu erfüllende Leistung gegenüber dem Mieter. Der Vermieter hat also dafür Sorge zu tragen, dass die Wohnung zu diesem Zweck tauglich ist und bleibt.

zu § 2 – Mietzeit und ordentliche Kündigung (Wohnungs-Einheitsmietvertrag)/
zu § 2 – Mietzeit (Vertrag für die Vermietung eines Hauses)

Die Regelung zur Mietzeit sieht drei Möglichkeiten vor: Entweder ist das Mietverhältnis auf **unbestimmte Zeit**, auf **bestimmte Zeit** (ist nur im Vertrag für die „Vermietung eines Hauses" vorgesehen) oder zum **„vorübergehenden Gebrauch"** geschlossen.

1. Mietverhältnis auf bestimmte Zeit

Mietverhältnis auf bestimmte Zeit

Soll das Mietverhältnis nur für eine **bestimmte Zeit** geschlossen werden, muss der genaue Zeitablauf kalendermäßig bestimmt werden **und** es ist eine Angabe von Gründen erforderlich, die das Gesetz abschließend aufzählt. Diese sind:

– Eigenbedarf,

– Baumaßnahmen,

– Betriebsbedarf bei Werkmietwohnungen.

Fehlen Angaben zum Befristungsgrund, gilt das Mietverhältnis als auf unbestimmte Zeit geschlossen. Ist das Mietverhältnis **wirksam** befristet worden, ist eine ordentliche Kündigung für beide Seiten vor Ablauf der festgelegten Mietzeit ausgeschlossen.

Der Mieter hat einen **Auskunftsanspruch** gegen den Vermieter, ob der Befristungsgrund fortbesteht. Dieses Auskunftsbegehren kann frühestens **4 Monate vor Ablauf** der festgelegten Zeit verlangt werden. Zu beachten ist, dass der Vermieter dem Mieter **binnen eines Monats** mitteilen muss, ob der Befristungsgrund noch fortbesteht. Wird diese Frist **versäumt**, kann der Mieter eine Verlängerung des Mietverhältnisses um den Zeitraum verlangen, der durch die Verspätung eingetreten ist. Tritt der Grund der Befristung erst später ein, kann der Mieter eine Verlängerung des Mietverhältnisses um einen entsprechenden Zeitraum verlangen. **Entfällt der Befristungsgrund ganz**, kann der Mieter eine Verlängerung auf unbestimmte Zeit verlangen. Bestreitet der Mieter den Eintritt des Befristungsgrundes, hat der Vermieter dem Mieter den behaupteten Eintritt zu beweisen.

 **Vorsicht:** *Setzen die Parteien das Mietverhältnis nach Ablauf der zeitlichen Befristung fort, ohne ausdrücklich zu widersprechen, verlängert es sich auf unbestimmte Zeit.*

2. Mietverhältnis auf unbestimmte Zeit

Mietverhältnis auf unbestimmte Zeit

Wird das Mietverhältnis auf **unbestimmte Zeit** geschlossen, besteht die Möglichkeit, die ordentliche Kündigung für **beide Vertragspartner** für einen bestimmten Zeitraum, längstens jedoch für einen Zeitraum von **4 Jahren ab dem Zeitpunkt des Vertragsschlusses (= Unterschrift des Mietvertrages!)**, auszuschließen (= es darf in dieser Zeit nicht gekündigt werden). Dies ist über eine entsprechende weitere Vereinbarung in § 20 möglich. Ein Ausschluss auf Vermieterseite ist freilich länger und auch einseitig möglich. Bei **Mietverhältnissen auf Lebenszeit** ist die Kündigung auf Lebenszeit ausgeschlossen.

Verstößt der vertragliche **Kündigungsausschluss** gegen vorgenannte Grundsätze und benachteiligt dies den Mieter unangemessen, so ist der Ausschluss **insgesamt unwirksam** und der Vertrag mit gesetzlicher Frist kündbar.

3. Mietverhältnis zum vorübergehenden Gebrauch

Vorübergehender Gebrauch

Eine Wohnung kann dem Mieter auch nur **zum vorübergehenden Gebrauch** überlassen werden, wenn sich Vermieter und Mieter über die vorläufige Dauer der Überlassung einig sind und dies ausdrücklich zum Vertragsgegenstand machen. Ein vorübergehender Gebrauch liegt vor, wenn der Mieter nicht plant, sich in der Wohnung häuslich einzurichten, da sein Aufenthalt nur vorläufig ist. Beispiele: Saisonarbeiter, Schauspieler mit Gastspiel oder Studenten, die ein Auslandssemester an einer deutschen Universität absolvieren.

4. Kündigung eines Mietvertrages auf unbestimmte Zeit

Kündigungs-fristen

§ 2 Ziff. 2 gibt die jeweilige gesetzliche **Kündigungsfrist** wieder. Diese ist für den **Mieter einheitlich 3 Monate**, unabhängig davon, wie lange das Mietverhältnis bestand. Die ehemals für beide Vertragsparteien geltende Staffelung gilt nur noch für den Vermieter.

a) Kündigung durch den Mieter

Kündigung durch den Mieter: ohne Begründung

Der Mieter muss seine Kündigung **nicht begründen**. Er kann ohne Angabe von Gründen das Mietverhältnis **spätestens am dritten Werktag** (drei Tage sogenannte Karenzfrist, der dritte Werktag ist der Kündigungstag) eines Kalendermonats zum Ablauf des übernächsten Monats kündigen. Entscheidend ist der **Zugang beim Vermieter**.

Beispiel: *Der Mieter kündigt das Mietverhältnis am Montag, den 1. März. Das Schreiben erreicht den Vermieter am Mittwoch, den 3. März. Die Kündigung wirkt zum 31. Mai. Erreicht den Vermieter das Schreiben erst am Donnerstag, den 4. März, wirkt die Kündigung erst zum 30. Juni.*

Achtung: *Fällt der Monatserste auf einen Samstag, zählt dieser Tag als Werktag bei der Fristberechnung mit, d.h. die Kündigung muss bis zum Dienstag (dritter Werktag) beim Vermieter eingehen. Fällt der Monatszweite auf einen Samstag, zählt dieser ebenfalls mit, so dass die Kündigung bis zum Montag (dritter Werktag) beim Vermieter eingehen muss. Anders ist es, wenn das Ende der Frist – also der Monatsdritte (= dritter Werktag) – auf einen Samstag fällt. Fristende ist dann der auf den Samstag folgende Montag, also der Monatsfünfte.*

Übersicht:

Kündigungserklärung			Kündigungszeitpunkt	
1.1.	*(jeweils	1.7.	31.3.	30.9.
1.2.	zzgl. der	1.8.	30.4.	31.10.
1.3.	Karenzfrist)*	1.9.	31.5.	30.11.
1.4.		1.10.	30.6.	31.12.
1.5.		1.11.	31.7.	31.1.
1.6.		1.12.	31.8.	28./29.2.

b) Kündigung durch den Vermieter

Kündigung durch den Vermieter. Begründungspflicht

Der Vermieter muss seine ordentliche Kündigung ebenfalls **spätestens am dritten Werktag** eines Kalendermonats zum Ablauf des übernächsten Monats aussprechen. Entscheidend ist der Zugang beim Mieter. Der Vermieter **muss allerdings**, anders als der Mieter, die Kündigung **begründen**, er muss ein berechtigtes Interesse an der Kündigung haben.

Berechtigtes Interesse

Ein **berechtigtes Interesse** liegt insbesondere dann vor, wenn

– der **Mieter schuldhaft und nicht nur unerheblich seine vertraglichen Pflichten verletzt** (er verstößt z.B. vorsätzlich gegen die Hausordnung oder zahlt vorsätzlich die Miete nicht oder nur unpünktlich)

– der Vermieter **Eigenbedarf** anmeldet (er benötigt z.B. die Räume für sich, seine Familienangehörigen oder Angehörige seines Haushalts) oder

– der Vermieter durch die Fortsetzung des Mietverhältnisses **an einer angemessenen wirtschaftlichen Verwertung des Grundstücks gehindert** ist (bei einem stark sanierungsbedürftigen Haus übersteigen z.B. die Kosten der Instandsetzung die Kosten für den Abriss und Neubau).

 Es empfiehlt sich, sachkundigen/rechtsanwaltlichen Rat einzuholen.

Inhalt der Kündigung

Die **Gründe für das berechtigte Interesse** des Vermieters müssen in der Kündigung angegeben werden. Bei der Würdigung der berechtigten Interessen des Vermieters werden nur die in dem Kündigungsschreiben angegebenen Gründe berücksichtigt, außer wenn die Gründe **nachträglich** entstanden sind. Eine umfassende Darstellung **aller** in Betracht kommender Gründe ist daher zu empfehlen. Fehlt eine Begründung gar vollständig, kann die Kündigung keinen Erfolg haben.

Widerspruchsrecht

Der Mieter ist im Kündigungsschreiben auf sein gesetzlich bestehendes **Widerspruchsrecht** hinzuweisen.

c) Aufhebungsvertrag

Auflösung des Mietvertrages

Das Gesetz verbietet eine **Ausweitung** dieser **Kündigungsgründe**. Entsprechende Vereinbarungen zwischen den Parteien eines Mietvertrages sind **unwirksam**. Dies gilt auch für Individualvereinbarungen, also für den Fall, dass die Vertragspartner weitere Gründe frei zwischen sich aushandeln. Allerdings ist es den Mietvertragsparteien während des Mietverhältnisses unbenommen, jederzeit eine **Auflösung des Mietvertrages** im gegenseitigen Einvernehmen durch einen sog. **Aufhebungsvertrag** zu vereinbaren. In diesem können die Parteien genau regeln, wen bei Abwicklung des Mietverhältnisses welche Pflichten treffen. Dieser Aufhebungsvertrag ersetzt dann die mietvertraglich getroffenen Vereinbarungen. Eine gegen den Willen der Vertragsparteien aufgebürdete „Auseinandersetzungsfrist" im Rahmen der Beendigung eines Mietverhältnisses gibt es also nicht. Das Gesetz will nur den vermeintlich schwächeren Mieter davor schützen, dass dieser in eine Notlage gerät.

5. Kündigung eines Mietverhältnisses zum vorübergehenden Gebrauch

Kündigung bei Mietverhältnis zum vorübergehenden Gebrauch

Ist der Wohnraum **nur zum vorübergehenden Gebrauch** überlassen (wie z.B. bei Saisonarbeitern, s.o. S. 13), gilt die vertraglich vereinbarte verkürzte **Kündigungsfrist** von einem Monat, also ebenfalls bis zum 3. Werktag eines jeden Kalendermonats, allerdings bereits zum Schluss dieses Monats. Zudem bedarf es **keines** berechtigten Interesses des Vermieters zur Kündigung, wenn er aus diesem Grund kündigt.

6. Sonderfälle

Kein berechtigtes Interesse nötig

Ein berechtigtes Interesse muss der Vermieter ebenfalls **nicht nachweisen**

– bei Wohnraum in einem **Studenten- oder Jugendwohnheim**,

– bei einer Wohnung in einem vom Vermieter selbst bewohnten Gebäude mit nicht mehr als zwei Wohnungen (**Einliegerwohnung**),

– bei **möbliertem Wohnraum** in einer vom Vermieter selbst bewohnten Wohnung.

In den beiden letztgenannten Fällen **verlängert** sich die **Kündigungsfrist** um jeweils drei Monate. Der Vermieter hat auf das Bestehen seines **Sonderkündigungsrechts**, das er ausüben will, ausdrücklich hinzuweisen.

7. Form der Kündigung

schriftlich

Wegen der gesetzlichen Warnfunktion muss die Kündigung grundsätzlich sowohl vom Mieter als auch vom Vermieter **schriftlich** erfolgen und ist bei Personenmehrheit **von jedem Vertragspartner** zu erklären und eigenhändig zu unterschreiben. Eine Übermittlung per **Telefax oder E-Mail** ist **nicht ausreichend**.

8. Vertretungsrecht

Kündigung durch Bevollmächtigten

Lässt sich ein Vertragspartner zum Ausspruch der Kündigung z.B. durch einen Rechtsanwalt vertreten, muss dem Kündigungsschreiben eine **Originalvollmacht** beigefügt werden. Fehlt es daran und wird die Kündigung deswegen von dem Empfänger unverzüglich zurückgewiesen, ist die Kündigung **unwirksam** und kann nicht durch schlichte Nachsendung der Originalvollmacht geheilt werden. Es muss dann erneut die Kündigung ausgesprochen werden, sofern zu diesem Zeitpunkt überhaupt noch ein Kündigungsgrund besteht. Sollte sich der Empfänger bei der **Zurückweisung** der Kündigung vertreten lassen wollen, so kann die Zurückweisung ebenfalls nur unter Vorlage einer Originalvollmacht erfolgen.

9. Widerspruch des Mieters

Widerspruch durch den Mieter/ „besondere Härte"

Für den Mieter besteht schließlich die Möglichkeit, der Kündigung zu **widersprechen** und die Fortsetzung des Mietverhältnisses zu verlangen, wenn die Beendigung des Mietverhältnisses für den Mieter, seine Familie oder einen anderen Angehörigen seines Haushalts eine **Härte** bedeuten würde, die auch unter Würdigung des berechtigten Interesses des Vermieters nicht zu rechtfertigen ist.

> **Beispiel:** *Der Mieter wohnt bereits seit 40 Jahren in der Wohnung, ist in der Gegend aufgewachsen und tief in der Nachbarschaft verwurzelt. Er ist körperlich und geistig so gebrechlich, dass ihm ein Umzug nicht zugemutet werden kann.*

Es empfiehlt sich, sachkundigen/rechtsanwaltlichen Rat einzuholen.

10. Weitere Kündigungsarten

Sonderkündigungsrechte u.Ä.

Neben der ordentlichen Kündigung sind **Sonderkündigungsrechte**, **außerordentlich fristgemäße** und **außerordentlich fristlose Kündigungen** bei Vorliegen der gesetzlichen Voraussetzungen möglich. Auf diese Sonderregelungen wird an betreffender Stelle in dieser Broschüre hingewiesen.

zu § 3 – Miete, Nebenkosten, Schönheitsreparaturen (Wohnungs-Einheitsmietvertrag)/
zu § 3 – Miete, Nebenkosten, Vorauszahlungen, Schönheitsreparaturen, Sicherheit (Vertrag für die Vermietung eines Hauses)

Um den wesentlichen Vertragsinhalt eines Mietvertrages zu erfüllen, ist eine Einigung über die Entgeltlichkeit erforderlich, also über die Miete.

1. Miete

Mietzahlungen

Das Vertragsmuster Wohnungs-Einheitsmietvertrag sieht hier zwei Möglichkeiten vor: die **Netto-Kaltmiete** und die **Brutto-Kaltmiete**.

Netto-Kaltmiete

Die **Netto-Kaltmiete** ist dasjenige Entgelt, das der Vermieter (ohne die ihm tatsächlich entstehenden Betriebskosten) als Miete für den Mietgegenstand erwirtschaftet, also das **reine Entgelt für den Mietgegenstand**. Die Nettomiete wird z.B. als Bezugsgröße bei Mieterhöhungen (s.u.) und als Renditewert (z.B. bei Finanzierungsgeschäften) verwandt.

Brutto-Kaltmiete

Bei der **Brutto-Kaltmiete** handelt es sich um eine Mietzinsstruktur, die die Nettomiete **und** die Kosten für die sog. „kalten Betriebskosten" gemäß § 3 Ziff. 2 umfasst. Die Kosten für **Heizung und Warmwasser dürfen nicht pauschal** vereinbart werden (sog. **Bruttoinklusivmiete**), da die Heizkostenverordnung eine verbrauchsabhängige Abrechnung zwingend vorschreibt (Ausnahme: In dem Gebäude sind nicht mehr als zwei Wohnungen belegen, von denen der Vermieter eine selbst bewohnt).

Tipp: *Zu empfehlen ist eine Mietstruktur, die sich aus Nettokaltmiete und Betriebskosten zusammensetzt. Die Betriebskosten können als* **Vorauszahlungen** *oder als* **Pauschale** *(aber nicht bei Heizung und Warmwasser: hier verbrauchsabhängig!) vereinbart werden. Kreuzen Sie hierzu das entsprechende Kästchen im Mietvertrag an.*

2. Miethöhe

Mit dem „Gesetz zur Dämpfung des Mietanstiegs auf angespannten Wohnungsmärkten und zur Stärkung des Bestellerprinzips bei der Wohnungsvermittlung (Mietrechtsnovellierungsgesetz – MietNovG)" hat der Gesetzgeber die sogenannte **„Mietpreisbremse"** durchgesetzt. Hintergrund ist, dass die Wohnraumverknappung in den Ballungszentren dazu geführt hat, dass Vermieter die wenigen begehrten Wohnungen bei einer Neuvermietung zu Preisen vermieten, die weit über der ortsüblichen Vergleichsmiete liegen. Damit soll nun nach dem Willen des Gesetzgebers für die Dauer von 5 Jahren Schluss sein, wenn die neu zu vermietende Wohnung in einem Gebiet mit angespanntem Wohnungsmarkt liegt. Die **„Mietpreisbremse"** greift also nur für den Fall, dass eine entsprechende Verordnung für die Gemeinde existiert. Gebiete mit angespannten Wohnungsmärkten liegen nach dem gesetzlichen Leitbild vor, wenn die ausreichende Versorgung der Bevölkerung mit Mietwohnungen in einer Gemeinde oder einem Teil der Gemeinde zu angemessenen Bedingungen besonders gefährdet ist. Ob solche Gebietsverordnungen existieren, können Sie bei der Gemeinde oder beim zuständigen Justizministerium erfragen oder im Internet nachlesen.

Sollte die Wohnung in einem solchen Gebiet mit angespanntem Wohnungsmarkt liegen, so darf die Miete zu Beginn des Mietverhältnisses die **ortsübliche Vergleichsmiete** höchstens um **10 Prozent übersteigen**.

Die sogenannte **ortsübliche Vergleichsmiete** ist zentraler Regelungskern der „Mietpreisbremse", leider aber keine feste Größe, die sich jedermann erschließt. Die gesetzlichen Regelungen hierzu sind kompliziert. In der Praxis werden die ortsüblichen Vergleichsmieten meist durch Mietspiegel oder Mietdatenbanken bestimmt. Heutzutage gibt es für viele Gemeinden Mietspiegel, die zur Bestimmung der ortsüblichen Vergleichsmiete herangezogen werden können. Sollte für die Gemeinde kein Mietspiegel existieren, kann auf einen „benachbarten" Mietspiegel einer vergleichbaren Gemeinde zurückgegriffen werden (siehe auch S. 28).

Expertenrat sollte eingeholt werden!

Damit der Vermieter allerdings nicht schlechter gestellt wird, erlaubt das Gesetz, dass die Miete wenigstens **bis zur Höhe der Vormiete** vereinbart werden darf, selbst wenn diese höher ist als die nach der „Mietpreisbremse" zulässige Miete, also höher als 10 % über der ortsüblichen Vergleichsmiete. **Unberücksichtigt** bleiben allerdings Mieterhöhungen, die mit dem Mieter bis zu einem Jahr vor seinem Auszug vereinbart wurden. Berufen Sie sich auf die Vormiete, hat der Mieter gegen Sie einen **Auskunftsanspruch**, den er notfalls auch gerichtlich durchsetzen kann. Sie müssen dann die Vereinbarungen mit dem Vormieter vorlegen, aus denen sich die begehrte Miete ergibt.

Ausnahmen von der Deckelung der Neuvermietungsmiete in diesem Sinne gibt es für Neubauwohnungen und solche Wohnungen, die vor der Neuvermietung umfassend modernisiert wurden. Als **Neubauwohnungen** gelten alle Wohnungen, die nach dem 1. Oktober 2014 erstmals genutzt und vermietet werden. Als eine **umfassende Modernisierung** wird eine Maßnahmen angesehen, wenn sie einen solchen Umfang aufweist, dass eine Gleichstellung mit Neubauten gerechtfertigt erscheint. So wird ein erforderlicher wesentlicher Bauaufwand dann angenommen, wenn die Investition etwa ein Drittel des für eine vergleichbare Neubauwohnung erforderlichen Aufwands erreicht. Da die Bezeichnung „umfassend" nicht nur den Investitionsaufwand, sondern auch die qualitativen Auswirkungen auf die Gesamtwohnung umfasst, ist ergänzend zu berücksichtigen, ob die Wohnung auch in mehreren wesentlichen Bereichen (insbesondere Sanitär, Heizung, Fenster, Fußboden, Elektroinstallationen bzw. energetische Eigenschaften) verbessert wurde. Es geht also nicht nur ums Geld. Wollen Sie sich auf einen dieser **Ausschlussgründe** berufen, hat der Mieter auch hier wieder einen **Auskunftsanspruch** gegen Sie, den er notfalls gerichtlich geltend machen kann.

Haben Sie eine Miete vereinbart, die gegen die „Mietpreisbremse" verstößt, ist der über die Deckelung hinausgehende Betrag der Miete **unwirksam** vereinbart. Der Mieter schuldet mit anderen Worten also nur die Miete in Höhe von 10% über der ortsüblichen Vergleichsmiete. Auf Verlangen des Mieters müssen Sie sämtliche zu viel gezahlten Mieten an ihn zurückzahlen. Dies gilt aber erst für diejenigen **Überzahlungen**, die er nach seiner Rüge weiterhin an Sie geleistet hat.

Die Miete kann erst nach einer Wartefrist von 1 Jahr um maximal 20 % angehoben werden, wenn die **ortsübliche Vergleichsmiete entsprechend gestiegen ist**. Zu beachten ist eine etwaige Kappungsgrenzenverordnung, die das Erhöhungsverlangen auf 15 % limitiert. Zu den Einzelheiten siehe S. 28 ff., dort ab Ziff. 7.

3. Betriebskosten

a) Betriebskostenvorauszahlungen

Vorauszahlungen Über **Betriebskostenvorauszahlungen** hat der Vermieter jährlich abzurechnen. Kommt er dieser Verpflichtung nicht nach, kann der Mieter die Abrechnung verlangen und künftige Vorauszahlungen auf die Betriebskosten zurückhalten. Bei beendeten Mietverhältnissen kann der Mieter die Vorauszahlungen, über die nicht abgerechnet wurde, sogar zurückfordern.

Abrechnungsfrist Zu beachten ist, dass das Gesetz eine **Abrechnungsfrist** vorschreibt. Danach ist dem Mieter eine Abrechnung über die Betriebskostenvorauszahlungen **spätestens bis zum Ablauf des zwölften Monats** nach Ende des Abrechnungszeitraums mitzuteilen.

Ausschlussfrist Nach Ablauf dieser Frist kann der Vermieter **keine Nachforderungen** mehr verlangen (sog. **Ausschlussfrist**). Die Ausschlussfrist führt jedoch **nicht** etwa dazu, dass der Vermieter (auf Verlangen des Mieters) nicht mehr abzurechnen braucht. Er darf nur nichts mehr nachverlangen. Der Mieter hat ein Recht auf Abrechnung, nicht zuletzt, um zu viel gezahlte Vorauszahlungen zurückzubekommen.

Höhe Betriebskostenvorauszahlungen dürfen nur in **angemessener Höhe** vereinbart werden. Angemessen sind Vorauszahlungen, wenn sie an den zu erwartenden Betriebskosten ausgerichtet werden. Allerdings besteht für den Vermieter **keine Aufklärungspflicht** gegenüber dem Mieter.

Tipp: *Legen Sie sich gegenüber dem Mieter nicht auf eine Höchstgrenze für Vorauszahlungen fest oder versichern ihm, dass die vereinbarten Vorauszahlungen ausreichen würden.*

Anpassung Beide Vertragspartner, Vermieter und Mieter, haben das **einseitige Recht**, durch eine Erklärung in Textform (s.u.) die **Betriebskostenvorauszahlungen** auf eine angemessene Höhe **anzupassen**. Voraussetzung ist, dass es überhaupt eine (formell wirksame) Abrechnung über Betriebskosten gibt. Der entsprechende Betrag (Nachzahlung oder Guthaben) wird dann in der Regel durch 12 Monate geteilt. Er kann gemäß der allgemeinen Preisschwankungen auf- oder abgerundet werden. Ein allgemeiner **Sicherheitszuschlag** von bspw. 10 % ist jedoch **unzulässig**. Die Erhöhung muss sich an den konkreten Kosten bemessen.

Beispiel: *Die Betriebskostenabrechnung ergab ein* **Guthaben** *zugunsten des Mieters in Höhe von 360 €. Sowohl Vermieter als auch Mieter können nun aufgrund der relativ hohen Abweichung der geleisteten Vorauszahlungen vom Abrechnungsergebnis eine Anpassung (also Herabsetzung) der monatlichen Vorauszahlungen vornehmen. Rechnerisch ergibt sich ein Betrag in Höhe von 30 € (360 € geteilt durch 12 Monate), der wegen zu erwartender allgemeiner Kostensteigerungen um einen Betrag von etwa 5 € zu senken ist. Auf Vermieterseite scheint daher eine Senkung der monatlichen Betriebskostenvorauszahlungen um 25 € denkbar. Der Mieter wird eine Senkung um den genauen Betrag von 30 € verlangen. Widersprechen kann der Vermieter dem nicht.*

Gleiches gilt bei einem Nachzahlungsbetrag in Höhe von 360 € zulasten des Mieters. In diesem Fall würden die monatlichen Vorauszahlungen wenigstens um 30 € angehoben werden können. Dem kann der Mieter wiederum nicht widersprechen.

Für die Anpassung genügt ein Schreiben, das den Vermieter erkennen lässt, nicht aber von ihm unterschrieben sein muss (sog. **Textform**, z.B. E-Mail).

Tipp: *Die Anpassung der Betriebskostenvorauszahlungen sollte bereits in der Abrechnung über die Betriebskosten selbst vorgenommen werden.*

Die angepassten Vorauszahlungen werden zu dem von der jeweiligen Seite genannten Zeitpunkt fällig. Fehlt ein Hinweis auf den **Fälligkeitszeitpunkt**, ist im Zweifel der nächste Fälligkeitszeitpunkt der Miete entscheidend, der auf den Zugang der Abrechnung folgt.

b) Betriebskostenpauschale

Pauschale Eine **Betriebskostenpauschale** (nicht bei Heiz- und Warmwasserkosten!) liegt – im Gegensatz zu einer Vorauszahlung – vor, wenn der Mieter die Betriebskosten unabhängig von seinem tatsächlichen Verbrauch und den tatsächlich angefallenen Kosten als Pauschalbetrag zu zahlen verpflichtet ist und deshalb nicht über die Betriebskosten abgerechnet wird.

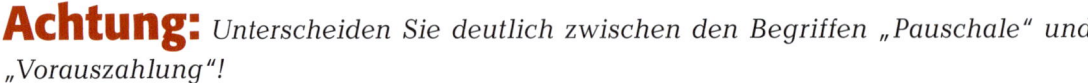

Achtung: *Unterscheiden Sie deutlich zwischen den Begriffen „Pauschale" und „Vorauszahlung"!*

Betriebskostenpauschalen müssen **nicht in angemessener Höhe** vereinbart werden, da sie sich gerade nicht an den zu erwartenden Kosten ausrichten müssen. (Über Heiz- und Warmwasserkosten muss zusätzlich verbrauchsabhängig abgerechnet werden.)

Erhöhung der Betriebskostenpauschale Eine **Erhöhung** der Betriebskostenpauschale ist möglich, wenn ein solcher Vorbehalt im Mietvertrag vorgesehen ist. Dieser Erhöhungsvorbehalt findet sich in § 3 Ziff. 4 des beigefügten Mustermietvertrages. Die Erhöhung der Betriebskostenpauschale ist zu begründen. Der Mieter schuldet die erhöhte Betriebskostenpauschale grundsätzlich mit Beginn des auf die Erklärung folgenden übernächsten Monats.

Beispiel: *Dem Mieter geht die Erklärung am 20. November 2014 zu. Er schuldet die erhöhte Betriebskostenpauschale dann ab dem 1. Januar 2015.*

In einem seit dem 1. März 2010 bestehenden Mietverhältnis bekommt der Vermieter im Januar 2013 eine Anpassung der Grundsteuer beginnend ab dem 1.1.2011. Er erhöht daraufhin den Pauschalbetrag um 5 € auch für die Vergangenheit und teilt dies dem Mieter im April 2013 mit. Der Vermieter kann nun die um den anteiligen Grundsteuerbetrag erhöhte Betriebskostenpauschale wegen der Sperrfrist rückwirkend ab dem 1.1.2012 erheben (Beginn des der Erhöhung vorausgehenden Kalenderjahres).

Tipp: *Da die Betriebskosten, sei es als Vorauszahlung oder Pauschale, Teil der Miete sind, besteht eine* **Kündigungsmöglichkeit** *des Vermieters, wenn der Mieter in kündigungsbegründender (s.u. S. 33) Höhe im Zahlungsverzug ist! Zu den Kündigungsgründen wegen Zahlungsverzuges siehe die Kommentierung zu § 4 auf S. 32. Insbesondere ist dies dann der Fall, wenn der Mieter mit einer Zahlung von* **2 Monatsmieten** *in Rückstand gerät. Wenn der Mieter aber nur eine aktuell erhöhte Betriebskostenlast (Vorauszahlung oder Pauschale) ausdrücklich nicht zahlt, ist er durch das Gesetz bis zur rechtskräftigen Feststellung der Schuld geschützt.*

c) Sonstige Betriebskosten

Sonstige Betriebskosten

Die sog. **sonstigen Betriebskosten** (also die, die nicht ausdrücklich in der Betriebskostenverordnung genannt sind, z.B. die Dachrinnenreinigung) können auf den Mieter umgelegt werden. Voraussetzung ist jedoch, dass diese im Einzelnen benannt sind. Sofern Ihnen also **weitere** sonstige Betriebskosten bekannt sind, die **nicht** im abgedruckten Betriebskostenkatalog bezeichnet sind, müssen Sie diese **hinzusetzen**. Diese Kosten können Sie in die Spalte über der grünen Zeile unter § 3 Ziff. 2 hinzufügen.

d) Betriebskostenabrechnung

Abrechnung der Betriebskosten

Die Betriebskostenabrechnung ist ewiger Zankapfel zwischen Vermieter und Mieter. Dabei ist die Erstellung einer ordnungsgemäßen Abrechnung kein Hexenwerk. Die Abrechnung ist insgesamt so zu erstellen, dass der Mieter in der Lage ist, die Abrechnung nachzuvollziehen.

Inhalt

Vier **wesentliche Dinge** muss eine Betriebskostenabrechnung enthalten, um **formell wirksam** zu sein:

1. Angabe der **Gesamtkosten** (welche Kosten sind für die Liegenschaft entstanden?)

2. Angabe des **Verteilungsschlüssels** (wie werden diese Kosten auf die Mieter verteilt?)

3. der auf den Mieter entfallende **Abrechnungsbetrag** (wie hoch ist der Anteil des Mieters an den Gesamtkosten?)

4. die vom Mieter im Abrechnungszeitraum **geleisteten Vorauszahlungen** (welche Vorauszahlungen auf die Betriebskosten hat der Mieter tatsächlich geleistet?)

Im Falle der Vermietung einer Wohnung wird es sich zumeist um eine **Eigentumswohnung** in einer Wohnungseigentumsanlage handeln. In diesem Fall rechnet der von der Wohnungseigentumsgemeinschaft eingesetzte Verwalter über die Kosten gegenüber jedem Eigentümer ab. Der Wohnungseigentumsverwalter unterteilt die entstehenden Kosten in **umlagefähige Kosten**, also solche Kosten, die Sie an Ihren Mieter als Betriebskosten weitergeben können, **und weitere Kosten**, wie etwa für Instandhaltung und Verwaltung, die grundsätzlich der Vermieter zu tragen hat. Diese Abrechnung kann daher als Grundlage für eine Abrechnung gegenüber dem Mieter verwandt werden. Sie müssen hierfür die Abrechnung kopieren, die Summe der auf Ihre Wohnung entfallenden Betriebskosten nehmen und hiervon die tatsächlich geleisteten Vorauszahlungen des Mieters abziehen. Die Differenz beider Beträge ergibt nun das auf Ihren Mieter entfallende Abrechnungsergebnis.

Musterabrechnung für Eigentumswohnung

Beispiel für die Betriebskostenabrechnung einer Wohnung:

Im Einzelnen setzt sich das Abrechnungsergebnis wie folgt zusammen: Ihr Anteil am Abrechnungszeitraum: 1.1.12 – 31.12.14 = 365 Tage

Kostenart	Gesamtkosten EUR	Tage		Bemessung		
		Ge-samt	An-teil	Gesamt qm/Obj.	Ihre Einheit qm	Ihr Anteil EUR
Grundsteuer	2.364,76 €	365	365	626,24	230,00	868,50 €
Entwässerung	477,56 €	365	365	626,24	230,00	175,39 €
Straßenreinigung	111,16 €	365	365	626,24	230,00	40,83 €
Müllabfuhr	2.578,89 €	365	365	626,24	230,00	947,15 €
Hausreinigung	2.207,53 €	365	365	626,24	230,00	405,38 €
Gartenpflege	825,82 €	365	365	626,24	230,00	303,30 €
Außenreinigung	580,73 €	365	365	626,24	230,00	213,28 €
Allgemeinstrom	471,30 €	365	365	626,24	230,00	115,39 €
Gebäudeversicherung	390,01 €	365	365	626,24	230,00	143,24 €
Winterdienst	479,88 €	365	365	626,24	230,00	176,25 €
Wartung Brandmelder	40,30 €	365	365	626,24	230,00	14,80 €
Schornstein	9,80 €	365	365	626,24	230,00	3,60 €
	Gesamtkosten					3.407,11 €
	./. Vorauszahlung					3.000,00 €
	Nachbelastung					407,11 €

Abrechnung bei einem Haus

Bei der Vermietung eines Hauses obliegt Ihnen die Abrechnung über die angefallenen Kosten, die nicht bereits vom Mieter direkt an die Versorgungsunternehmen beglichen wurden, in jedem Fall also die Grundsteuer, Versicherung etc. Die **Umlage der Betriebskosten** im Falle der Vermietung eines Hauses ist unproblematisch: Da kein Verteilungsschlüssel zu beachten ist, hat der Mieter alle Betriebskosten des gesamten Hauses zu tragen.

Entscheidend ist, ob es sich bei den Kosten überhaupt um Betriebskosten handelt. Dazu gehören alle Kosten, die dem Eigentümer im **Rahmen der Bewirtschaftung** laufend entstehen. **Keine Betriebskosten** sind z.B.: jedwede Kosten für Reparaturen oder Neuanschaffungen sowie Verwaltungskosten wie etwa Buchhaltungskosten Ihres Steuerberaters. Differenziert werden muss nur – soweit erforderlich – nach dem zeitlichen Anteil im Abrechnungszeitraum.

e) Aufteilung der Gesamtkosten in Betriebskostengruppen

Gesamtkosten

Die **Gesamtkosten** müssen in Betriebskostengruppen aufgeteilt werden. Dabei sollen die Kosten entsprechend dem im Mietvertrag **vereinbarten Betriebskostenkatalog** aufgeteilt und die Gesamtkosten ausgewiesen werden. Enthalten die Gesamtkosten nichtumlagefähige Kosten wie Instandhaltungs- oder Verwaltungskosten, so sind zwar in der Berechnung nur die umlagefähigen Kosten zu nennen, in einer **Erläuterung** ist jedoch darauf hinzuweisen, welche Gesamtkosten tatsächlich angefallen sind und welcher Betrag wofür in **Abzug** gebracht wurde.

Hausmeister

Ein pauschaler Abzug ist insbesondere bei **Hauswartkosten** nicht mehr ausreichend, wenn der Mieter dies bestreitet, also vorbringt, der Hausmeister würde auch nicht umlagefähige Arbeiten ausführen und als „Mädchen für alles" arbeiten. Der Vermieter hat dann genau darzulegen, wofür er welche Kosten abgezogen hat. Es empfiehlt sich hier, den Hauswart für seine Verwaltungstätigkeiten, wie etwa Wohnungsbesichtigungen, Extrarechnungen ausstellen zu lassen. Bei den Gesamtkosten sind diese Kosten in jedem Fall anzugeben. Andernfalls ist diese Kostenposition formell unwirksam und kann insgesamt nicht vom Mieter verlangt werden.

f) Verteilungsschlüssel

Umlagemöglich-keiten

Der Verteilungsschlüssel muss erläutert werden. So ist bei einer **Umlage nach anteiliger Fläche** sowohl der Flächenanteil der Wohnung als auch des Gesamtobjekts anzugeben. Gleiches gilt bei einer Umlage nach **Wohnungseinheiten**. Bei einer Umlage nach Personenzahl ist sowohl die Gesamtpersonenzahl als auch die in der betreffenden Wohnung anzugeben. Änderungen sind anzugeben und zu begründen.

Tipp: *Eine Umlage nach Personen sollte vermieden werden, da die Anzahl im laufenden Wirtschaftszeitraum durchaus variieren kann und eine Abrechnung große Schwierigkeiten bereitet.*

Der auf den Mieter entfallende **Abrechnungsbetrag** ergibt sich aus seiner Beteiligung nach dem jeweiligen Abrechnungsschlüssel.

g) Abzug der Vorauszahlungen

vom Mieter geleistete Vorauszahlungen

Die abzuziehenden **Vorauszahlungen** sind nicht etwa die geschuldeten, sondern allein die tatsächlich vom Mieter gezahlten Vorauszahlungen. Problematisch wird dieser Teil der Abrechnung im Falle einer **Mietminderung**. Bemessungsgrundlage ist nämlich die **Bruttomiete**. Das bedeutet, dass auch die vom Mieter geschuldeten (Voraus-)Zahlungen für Betriebskosten entsprechend herabgesetzt werden müssen, er also entsprechend weniger Betriebskosten zu zahlen hat. In der Praxis spielt dies zunächst jedenfalls keine Rolle, solange um die Minderung selbst und ihre Höhe gestritten wird. Um zu vermeiden, mit weiteren Nachforderungen nach Verstreichen der Ausschlussfrist ausgeschlossen zu sein, empfiehlt es sich, die Abrechnung ohne Einbeziehung etwaiger Minderungsansprüche zu erstellen.

Haben sich die Vertragsparteien allerdings rechtswirksam auf eine **bestimmte Minderungsquote** einvernehmlich geeinigt, wie etwa bei einem Bauvorhaben oder nach einem Wasserschaden, ist die Abrechnung (und die evtl. Vorauszahlungen) entsprechend anzupassen.

Problematisch wird die Ermittlung der einzustellenden Vorauszahlungen dann, wenn der Mieter nicht die volle Miete gezahlt hat. In diesem Fall muss ermittelt werden, welche Vorauszahlungen auf die Betriebskosten der Mieter mit seiner Zahlung bedienen wollte. Bei Zweifeln bietet sich an, die gezahlte Miete zunächst auf die Nettokaltmiete und sodann auf die Betriebskostenvorauszahlungen zu verrechnen. Im Ergebnis wird damit vermieden, dass zu hohe Vorauszahlungen für den Mieter eingestellt werden, die das **Abrechnungsergebnis** zu seinen Gunsten verändern, da diese später **nicht korrigiert** werden können. Denn eine einmal erstellte Abrechnung soll dem Mieter darüber Gewissheit verschaffen, was als Nachforderung auf ihn zukommt. Jedwede Änderung zulasten des Mieters ist unzulässig.

h) Abrechnungszeitraum

Zeitraum der Abrechnung

Die Betriebskostenabrechnung sollte sich auf einen **Abrechnungszeitraum** beziehen, der genau 12 Monate lang ist. Wohnt der Mieter nicht im gesamten Abrechnungszeitraum in der Wohnung, so ist er entsprechend seiner **Nutzungszeit** zu beteiligen. Der Abrechnungszeitraum kann beliebig (kalendarisch) festgelegt werden. Oftmals wird zwar das **Kalenderjahr** gewählt, häufig ist aber gerade bei den Heizkosten ein Abrechnungszeitraum vom 1. Oktober bis zum 30. September oder 1. Mai bis 30. April des Folgejahres anzutreffen, also mit Beginn oder Ende der **Heizperiode**. Die Abrechnungszeiträume über Heizkosten und sonstige Betriebskosten müssen **nicht einheitlich** sein. Es ist dann eine separate Abrechnung oder aber eine **gemeinsame Abrechnung** möglich. Sofern über die Kosten gemeinsam abgerechnet wird, ist für den Beginn der Abrechnungsfrist der längere Zeitraum maßgebend. Der Abrechnungszeitraum darf **nicht** ohne zwingenden Grund **verändert** werden. Er gilt vielmehr nach erstmaliger Festlegung für die restliche Mietzeit. Wurde ein unterjähriger Zeitraum gewählt (etwa 1.5. bis 30.4. d.J.) kann der Vermieter durch eine Rumpfabrechnung den Abrechnungszeitraum auf das Kalenderjahr umstellen.

i) Prüfungsrecht des Mieters

Prüfung durch den Mieter

Der Mieter hat einen **Anspruch auf Prüfung** der Abrechnung anhand der zugrundeliegenden Abrechnungsbelege. Ein Anspruch auf Übersendung von Kopien der Rechnungen und Belege besteht grundsätzlich nicht. Der Mieter muss sich nicht mit **Belegkopien** zufrieden geben, sondern kann Einsicht in die **Originalunterlagen** (am Ort des Vermieters) verlangen. Die Belege sind in **geordneter Form** vorzulegen. Eine Reise zum Sitz des Vermieters ist allerdings dann für den Mieter nicht mehr zumutbar, wenn dieser nicht am Ort der Mietsache ansässig ist. In diesem Fall muss der Vermieter eine Einsichtnahme vor Ort ermöglichen, bspw. beim zuständigen Hausmeister oder der Verwaltung. Einen Anspruch auf Vorlage der Belege in seiner Wohnung hat der Mieter indes nicht.

Kopien

Sofern der Mieter jedoch anbietet, für die Übersendung der Belegkopien ein entsprechendes Entgelt zu zahlen, kann es für beide Parteien angenehmer sein, Kopien zu versenden. Pro Blatt kann der Vermieter 0,25 – 0,50 € für **Kopierkosten** erheben und die Übersendung von einem Kostenvorschuss abhängig machen.

Frist des Prüfungsrechts

Bis zur vollständigen Vorlage der Abrechnungsbelege ist der Mieter berechtigt, den Nachzahlungsbetrag zurückzuhalten. Üblicherweise hat der Mieter sein **Prüfungsrecht** innerhalb von **4 Wochen** nach Erhalt der Abrechnung auszuüben. Zahlt der Mieter den Nachzahlungsbetrag nach dem Ablauf der Prüfungsfrist nicht (bei zuvor erfolgter Prüfung auch früher), kann die Zahlung gerichtlich durchgesetzt werden.

Tipp: *In der Abrechnung selbst sollte (gegenüber einem Mieter als* **Verbraucher***) der Hinweis aufgenommen werden, dass der Mieter nach Ablauf von* **30 Tagen** *nach Zugang der Abrechnung in* **Zahlungsverzug** *gerät.*

Handelt es sich bei der Wohnung um eine Eigentumswohnung in einer Wohnungs-eigentumsanlage, können Sie den Mieter **nicht an den Wohnungseigentumsver-walter** verweisen. In erster Linie sind Sie dafür verantwortlich, dass der Mieter die gewünschten Belege erhält. Sie müssen also entweder die Belege vom Wohnungs-eigentumsverwalter abfordern oder einen entsprechenden Termin vermitteln.

j) Zeitpunkt der Abrechnung

Zeitpunkt der Abrechnung

Die Abrechnung ist spätestens bis zum Ablauf des 12. Monats nach Ende des Abrechnungszeitraums mitzuteilen (s.o.: sog. **Ausschlussfrist**), sonst können an den Mieter keine Nachforderungen gestellt werden. Dabei ist der Zugang beim Mieter entscheidend. Grundsätzlich muss der Vermieter den **Zugang der Ab-rechnung** beweisen.

Tipp: *Es ist zu empfehlen, die Abrechnung entweder* **selbst zusammen mit einer Begleitperson** *(die später den Zugang bezeugen kann) oder durch einen* **Beauftragten** *in den Briefkasten des Mieters zu befördern. Wohnt der Mieter nicht am selben Ort, empfiehlt sich eine Postzustellung mittels eingeschriebenem Brief in Form eines* **Einwurf-Einschreibens**. *Von einem* **Übergabe-Einschreiben** *ist grundsätzlich* **abzuraten**: *Der Mieter könnte – sei es nun vorsätzlich oder nicht – das Schreiben nicht abholen. Holt er es nicht von der örtlichen Post ab, gilt es als nicht zugestellt.*

4. Schönheitsreparaturen

Begriff

Die sog. **Schönheitsreparaturen** haben mit Sicherheit das größte Konfliktpoten-zial in jedem Mietverhältnis. Rückt der Auszug des Mieters näher, beginnt oft-mals die Auseinandersetzung darum, welche Arbeiten in der Wohnung der Mieter zur Erfüllung seiner Rückgabepflicht zu erbringen hat.

Der Begriff der Schönheitsreparaturen ist gewohnheitsrechtlich anerkannt. **Schönheitsreparaturen** umfassen <u>nur</u> das Tapezieren, Anstreichen oder Kalken der Wände und Decken, das Streichen der Fußböden (bei Teppichböden deren Grundreinigung), Heizkörper einschließlich Heizrohre, der Innentüren (gemeint sind die Zimmertüren) sowie der Fenster und Außentüren (jede Wohnungsein-gangstür) von innen.

Tipp: *Belassen Sie es ohne zusätzliche Vereinbarungen am Ende des Mietvertrages bei der Formulierung in § 3 Ziff. 7 des Mustermietvertrages. Mehr braucht es nicht!*

Grundsätzlich muss der **Vermieter** die **Schönheitsreparaturen** ausführen, da es sich um Reparaturarbeiten in der Wohnung handelt, für die nach dem Gesetz dem Vermieter zuständig ist. In Anlehnung an die Regelungen im Sozialen Wohnungsbau ist in der Praxis jedoch anerkannt, dass dem Mieter diese Arbeiten (aber auch nur diese!) auferlegt werden können, die dann einen Teil seiner Gegenleistung (= Mietzahlung) darstellen. Denn der Vermieter erspart insoweit Aufwendungen für einen Teil seiner Instandhaltungsverpflichtung, die grundsätzlich mit der Nettokaltmiete abgegolten ist. Für den Sozialen Wohnungsbau, bei dem sich die Miete nach dem Gesetz richtet und nicht frei verhandelbar ist, ist genau geregelt, wie dieser Anteil an der Miete ermittelt wird: Trägt der Vermieter die Schönheitsreparaturen, darf er die Miete um 10,32 €/qm pro Jahr anheben, also 0,86 €/qm im Monat. Wurden die Schönheitsreparaturen dagegen wirksam auf den Mieter übertragen, muss die Miete entsprechend geringer sein.

BGH Rechtsprechung

Da die Schönheitsreparaturen also einen Teil der vom Mieter zu zahlenden Miete darstellen, können ihm nach neuester Rechtsprechung des Bundesgerichtshofs die Schönheitsreparaturen für die Dauer seiner Mietzeit dann nicht ohne entsprechenden Ausgleich (= **Renovierungszuschuss**) auferlegt werden, wenn die Wohnung **nicht frisch renoviert** übergeben wird. Denn damit würde der Mieter zur Beseitigung sämtlicher Gebrauchsspuren des Vormieters verpflichtet werden, was im Ergebnis dazu führt, dass der Mieter die Wohnung vorzeitig renovieren oder gegebenenfalls in einem besseren Zustand zurückgeben müsste, als er sie selbst vom Vermieter erhalten hat. Der Mieter zahlt dann also nicht nur für seine Abnutzung der Wohnung, sodass der Vermieter mehr erhält als ihm zusteht.

Für die **Abgrenzung** renoviert/unrenoviert kommt es darauf an, ob etwa vorhandene Gebrauchsspuren so unerheblich sind, dass die Mieträume im Zeitpunkt der Überlassung den Gesamteindruck einer renovierten Wohnung vermitteln.

Wenn Sie eine unrenovierte Wohnung vermieten möchten, gleichwohl aber die Schönheitsreparaturen auf den Mieter übertragen wollen, müssen Sie wie folgt vorgehen: Stellen Sie den Zustand der Wohnung in einem **Übergabeprotokoll** genau fest, unterschreiben Sie es und lassen Sie es sich vom Mieter ebenfalls durch Unterschrift bestätigen. Damit ist der dadurch **festgestellte Zustand der Wohnung** von beiden anerkannt und etwa auch dann entscheidend, wenn es um die Frage geht, ob ein **Mangel** vorliegt (siehe dazu S. 38). Nun müssen Sie den sich aus den Feststellungen ergebenden Renovierungsaufwand der Wohnung schätzen, was etwa durch die Einholung eines Angebots einer Fachfirma geschehen kann. Von den Kosten dieses Angebots ziehen Sie die Personalkosten für die Facharbeiter und sonstigen Aufwendungen, wie z.B. An- und Abfahrt, ab. Zu den so ermittelten Materialkosten werden sodann die Eigenleistungen des Mieters addiert, die je nach erforderlicher Tätigkeit mit einem Stundesatz von 7,50 € bis 10,00 € anzusetzen sind. Den sich aus Materialkosten und Eigenleistungen des Mieters ergebende Betrag zahlen Sie dem Mieter dann entweder aus oder gewähren ihm eine Mietfreiheit durch Erlass anteiliger Nettokaltmieten. Empfehlungen zu einer pauschalen Höhe verbieten sich zwar grundsätzlich, da es auf den jeweiligen Renovierungsbedarf ankommt, und sollen hier auch nicht empfohlen werden. Der **Erlass von 2 Monatsnettokaltmieten** hat sich allerdings in der Praxis als Richtschnur bewährt, wenn der Mieter die Malerarbeiten vorzunehmen hat. Bei einer zu gewährenden Mietfreiheit ist zu berücksichtigen, dass der Mieter einen gewissen Zeitraum benötigt, um die Wohnung herzurichten. Für diesen Zeitraum der Nichtbewohnbarkeit oder jedenfalls stark eingeschränkten Nutzung erspart der Mieter also nichts an Miete. Benötigt der Mieter beispielsweise 14 Tage für die Arbeiten, erhält er nur 1,5 Monatsnettokaltmieten erlassen. Die Mietfreiheit muss deshalb, um einen angemessenen Ausgleich zu schaffen, von ihrer Dauer her so kalkuliert sein, dass sie dem Mieter tatsächlich einen spürbaren geldwerten Vorteil bringt. Das ist erst dann der Fall, wenn er die Wohnung – während oder nach der Renovierung – tatsächlich bewohnen kann.

Tipp: *Die entsprechenden Vereinbarungen zum Renovierungszuschuss können Sie unter „**Weitere Vereinbarungen**" in § 20 (Wohnungs-Einheitsmietvertrag) oder in § 19 (Vertrag für die Vermietung eines Hauses) aufnehmen. Eine Formulierung könnte lauten:*

„Der Mieter verpflichtet sich, die im Übergabeprotokoll festgestellten Renovierungsarbeiten durchzuführen. Für den im Übergabeprotokoll festgestellten Renovierungsbedarf erhält der Mieter einen Renovierungskostenzuschuss von _____ €."

alternativ

„Der Mieter verpflichtet sich, die im Übergabeprotokoll festgestellten Renovierungsarbeiten durchzuführen. Dafür erhält der Mieter für die Zeit vom _____ bis zum _____ eine Mietfreiheit. Der Mieter hat in diesem Zeitraum lediglich die Betriebskostenvorauszahlungen zu leisten."

---

5. Schäden an der Wohnung

übermäßiger oder vertragswidriger Gebrauch

Von den Schönheitsreparaturen abzugrenzen sind Schäden an der Wohnung, die der Mieter durch **übermäßigen oder vertragswidrigen Gebrauch** verursacht hat. Hierzu zählt jeder Gebrauch, der **über** den vertragsgemäßen Gebrauch, also das von einem Durchschnittsmenschen an den Tag gelegte Verhalten bei der Nutzung einer Wohnung, hinausgeht, mithin alle **Substanzschäden** wie abgerissene Tapete, Risse im Waschbecken, über normale Dübellöcher hinaus gehende Löcher in der Wand sowie Lackabplatzungen (siehe auch unten S. 42). Schäden an der Wohnung, die über den vertragsgemäßen Gebrauch hinausgehen, sind vom Mieter zu beseitigen. Kommt er dieser Verpflichtung nicht nach, kann der Vermieter den Schaden auf Kosten des Mieters beseitigen lassen.

 Die Abgrenzung im Einzelfall ist sehr schwierig und bedarf eingehender Prüfung und Beratung durch einen Rechtsanwalt.

6. Verjährung der Ansprüche

kurze Verjährungsfrist

Werden nach Auszug des Mieters **Schäden an der Wohnung** festgestellt oder wurden (geschuldete) Schönheitsreparaturen nicht ausgeführt, ist die **kurze Verjährungsfrist** von sechs Monaten ab Übergabe (nicht ab Mietvertragsende!) zu beachten. Ansprüche gegen den Mieter müssen bis dahin geltend gemacht werden. Der Antrag auf Erlass eines **Mahnbescheides** oder die Erhebung einer **Klage hemmen die Verjährung** (die Verjährungsfrist läuft solange nicht ab). Bei Beantragung eines Mahnbescheides müssen die Forderungen genau bezeichnet sein.

7. Mieterhöhung

Mieterhöhung

Die vereinbarte Miete kann im Rahmen gesetzlicher Möglichkeiten erhöht werden. Diese Möglichkeit einer **Mieterhöhung** ist als Ausgleich für die durch das Gesetz bestimmte, erschwerte Kündigungsmöglichkeit des Vermieters gedacht. Dem Vermieter steht daher nur ein gesetzliches Erhöhungsrecht zur Seite, wenn er Wohnraum vermietet, der **Kündigungsschutz** genießt.

a) Von beiden Seiten ausgehandelte Mieterhöhung

vom Mieter/Vermieter ausgehandelte Erhöhung

Die Mietparteien können jederzeit eine neue Miete aushandeln und durch eine **zweiseitige, frei formulierbare Vereinbarung** festlegen.

b) Mieterhöhung durch den Vermieter

Erhöhungsverlangen des Vermieters

Der Vermieter kann Mieterhöhungen bis zur **ortsüblichen Vergleichsmiete** mit Bezugnahme auf einen **Mietspiegel**, auf **Vergleichswohnungen**, auf ein **Sachverständigengutachten** sowie auf eine **Mietdatenbank** verlangen.

Berechnungsgrundlage für eine solche Mieterhöhung ist regelmäßig die vereinbarte Nettokaltmiete. Da in der Brutto-Kaltmiete die Betriebskosten enthalten sind, ist diese Miete im Falle einer gewünschten **Mieterhöhung bis zur ortsüblichen Vergleichsmiete** um den Betriebskostenanteil zu bereinigen, er ist also abzuziehen (= **Netto-Kaltmiete**). Es ist eine **anteilige Abrechnung** über die Betriebskosten erforderlich, wie sie tatsächlich im Zeitpunkt des Mieterhöhungsbegehrens angefallen sind. Dabei genügt die Vorlage einer Abrechnung für das abgelaufene Wirtschaftsjahr.

Tipp: *Ob ein* **Mietspiegel** *für Ihre Gemeinde existiert, können Sie im zuständigen Gemeinde-, Landrats- oder Bürgeramt erfragen. Eine Auskunft aus einer* **Mietdatenbank** *erhalten Sie über den örtlichen Zweckverband wie Haus&Grund oder andere Vermietervereinigungen, sofern diese Erhebungen führen. Für* **Vergleichswohnungen** *kann Ihnen Ihr Wohnungseigentumsverwalter behilflich sein, sofern sich Ihre Wohnung mit anderen Wohnungen im Objekt vergleichen lässt, was in Miethäusern im jeweiligen Strang, also derselben Seite eines Aufgangs, regelmäßig der Fall ist. Einen Sachverständigen können Sie bei der örtlichen Industrie- und Handelskammer erfragen. Existiert* **kein Mietspiegel** *für Ihre Gemeinde, fragen Sie nach vergleichbaren Gemeinden. Eine Mieterhöhung ist bei entsprechender Vergleichbarkeit auch dann möglich. Ein kostenintensives Sachverständigengutachten muss nicht immer sein!*

Ist die Mieterhöhung wirksam, muss der Mieter zustimmen. Dies kann der Vermieter binnen einer sog. **Ausschlussfrist** von drei Monaten nach der eigentlichen Wirkung der Erhöhung gerichtlich durchsetzen. Danach verfällt der Anspruch auf Zustimmung zur begehrten Mieterhöhung.

3. Der Mieter hat die seinem unmittelbaren Zugriff unterliegenden Leitungen und Anlagen für Elektrizität und Gas, die sanitären Einrichtungen, Schlösser, Rollläden, Öfen, Herde, Heizkörper, Messeinrichtungen und ähnliche Einrichtungen so zu benutzen und zu bedienen, dass sie nicht beschädigt und nicht mehr als vertragsgemäß abgenutzt werden.

4. Ungezieferbefall hat der Mieter unverzüglich dem Vermieter anzuzeigen. Der Mieter hat die Kosten für die Beseitigung von Ungezieferbefall der Mietsache zu tragen, es sei denn, er hat den Ungezieferbefall nicht zu vertreten.

5. Der Mieter haftet dem Vermieter für Schäden, die durch Verletzung der ihm obliegenden Sorgfalts- und Anzeigepflicht entstehen, insbesondere auch, wenn Versorgungs- und Abflussleitungen, Toiletten-, Heizungsanlagen usw. unsachgemäß behandelt, die Räume unzureichend gelüftet, gereinigt oder bei entsprechenden Temperaturen unzureichend beheizt werden, um die Räume und die innerhalb der Mietsache liegenden Versorgungsleitungen gegen Frost zu schützen.

6. Der Mieter haftet für Schäden, die durch seine Angehörigen, Untermieter, Besucher, Lieferanten, Arbeitnehmer, Handwerker usw. verursacht worden sind.

7. Etwa vorhandenes Parkett ist besonders pfleglich zu behandeln.

§ 13 – Kleinreparaturen
1. Der Mieter ist verpflichtet, die Kosten für Kleinreparaturen bzw. für die Behebung von Bagatellschäden zu übernehmen, soweit

diese im Einzelfall der Reparatur oder Bagatellschadenbehebung EUR _____ nicht übersteigen.

Die Übernahme solcher Kosten durch den Mieter ist

je Kalenderjahr ☐ auf EUR _____ ☐ _____ v.H. der Jahresnettokaltmiete begrenzt.

2. Die Reparaturen bzw. die Behebung von Bagatellschäden im Sinne von Ziffer 1. beziehen sich auf die Teile des Mietobjektes, die dem Gebrauch des Mieters dienen, insbesondere: Einrichtungen für Elektrizität, Wasser, Gas, Heiz- und Kocheinrichtungen, Fenster- und Türverschlüsse sowie Verschlusseinrichtungen für etwa vorhandene Fensterläden.

3. Der Mieter ist nicht verpflichtet, die Reparaturen bzw. die Behebung der Bagatellschäden selbst durchzuführen oder in Auftrag zu geben. Die Notwendigkeit von Reparaturen bzw. Behebung von Bagatellschäden gemäß Ziffer 1. ist dem Vermieter unverzüglich nach Feststellung des jeweiligen Schadens mitzuteilen.

§ 14 – Pfandrecht des Vermieters
1. Der Mieter ist verpflichtet, den Vermieter sofort von einer etwaigen Pfändung eingebrachter Gegenstände unter Angabe des Gerichtsvollziehers und des pfändenden Gläubigers zu benachrichtigen.

2. Der Mieter erklärt, dass die beim Einzug eingebrachten Sachen sein freies Eigentum, nicht gepfändet und nicht verpfändet sind, mit Ausnahme folgender Gegenstände: _____

_____

§ 15 – Betreten des Mietobjektes durch den Vermieter
1. Der Vermieter kann das Grundstück und die Mieträume nach rechtzeitiger Ankündigung betreten, sei es zur Prüfung des Zustandes oder aus anderen wichtigen Gründen. Bei Gefahr ist ihm der Zutritt zu jeder Tages- und Nachtzeit gestattet.

2. Will der Vermieter das Grundstück verkaufen oder ist das Mietverhältnis gekündigt, so darf der Vermieter zusammen mit dem Miet- bzw. Kaufinteressenten das Grundstück und die Mieträume in angemessenem Maße betreten, und zwar auch sonntags.

3. Der Mieter hat sicherzustellen, dass der Vermieter sein Recht zur Besichtigung gemäß Ziffer 1. und 2. auch bei Abwesenheit des Mieters wahrnehmen kann.

§ 16 – Rückgabe des Mietobjektes
1. Bei Beendigung des Mietverhältnisses ist das Mietobjekt mit allen dazugehörigen Schlüsseln, auch selbst beschafften, in ordnungsgemäßem Zustand zu übergeben. Gibt der Mieter nicht alle Schlüssel zurück, ist er dem Vermieter gegenüber zum Ersatz des Schadens verpflichtet, der dadurch entsteht, dass der Vermieter Schlüssel beschaffen, Schlösser oder Schließanlagen ersetzen muss, es sei denn, der Mieter hat den Verlust nicht zu vertreten.

2. Hat der Mieter nach Beendigung des Mietverhältnisses seinen Besitz am Mietobjekt erkennbar dauerhaft aufgegeben, kann der Vermieter die Mietsache auf Kosten des Mieters öffnen und räumen.

3. Hat der Mieter am Gebäude bauliche Veränderungen oder eine Umgestaltung des Gartens vorgenommen und verlangt der Vermieter nicht die Wiederherstellung des früheren Zustandes, so hat der Mieter keinen Entschädigungsanspruch.

§ 17 – Vorzeitige Beendigung der Mietzeit
Wird das Mietverhältnis durch fristlose Kündigung aus wichtigem Grund durch den Vermieter vorzeitig beendet (siehe § 2 Ziffer 4 und § 3 Ziffer 3), so haftet der Mieter für den entstehenden vollständigen oder teilweisen Ausfall an Miete und Nebenkosten bis zum Ablauf der vereinbarten Mietzeit, jedoch höchstens für ein Jahr nach der Rückgabe.

§ 18 – Mehrere Personen als Vermieter oder Mieter
Vermieter und/oder Mieter haften als Gesamtschuldner, sofern es sich um mehrere Personen handelt. Für die Wirksamkeit einer Erklärung des Vermieters genügt es, wenn sie gegenüber einem der Mieter abgegeben wird. Die Mieter gelten insoweit als gegenseitig bevollmächtigt.

§ 19 – Weitere Vereinbarungen
1. Sollte eine Bestimmung dieser Vereinbarung ganz oder teilweise unwirksam sein oder ihre Rechtswirksamkeit später verlieren, so soll hierdurch die Gültigkeit der übrigen Bestimmungen nicht berührt werden. Anstelle der unwirksamen Bestimmung gelten die gesetzlichen Vorschriften.

Änderungen dieses Vertrages einschließlich Vertragsanlagen, die Bestandteil dieses Vertrages sind, sollen von den Vertragsparteien schriftlich bestätigt werden.

2. Die in der Anlage beigefügte Haus- und Grundstücksordnung ist Bestandteil dieses Vertrages, gesondert zu unterschreiben und in den Falz einzukleben.

3. Weitere Vereinbarungen (ggf. besonderes Blatt benutzen, zusätzlich unterschreiben und in den Falz einkleben.)

_____

_____

_____

_____

_____

Ort / Datum   Mieter

Vermieter   Mieter

3. Die Betriebskosten werden vom Vermieter entsprechend der Heizkostenverordnung umgelegt.

4. Für die Betriebskosten der zentralen Heizungs- und Warmwasserversorgung sind monatlich Vorauszahlungen, deren Höhe der Vermieter festsetzt, zu leisten, über die nach Schluss der Heizperiode abzurechnen ist.

5. Ist ein Durchlauferhitzer oder Boiler zur Warmwasserbereitung oder/und eine separate Etagenheizung im Mietobjekt vorhanden, so trägt der Mieter gemäß Betriebskostenverordnung sämtliche Betriebs-, Wartungs- und Reinigungskosten. Die Wartung und Reinigung erfolgen jährlich.

6. Zieht der Mieter während eines laufenden Abrechnungszeitraumes aus, hat er die Kosten der erforderlichen Zwischenablesung zu tragen.

7. Die Leistung von Vorauszahlungen und die Abrechnung der Heizkosten gemäß Ziffer 4. entfallen anteilig oder vollständig, soweit der Mieter Kosten im Rahmen eines direkten Vertragsverhältnisses mit Versorgungs-/Entsorgungsunternehmen unterhält und Zahlungen direkt an das Versorgungs-/Entsorgungsunternehmen leistet.

§ 6 – Zustand und Übergabe des Mietobjektes

1. Der Vermieter gewährt den Gebrauch der Mietsache in dem Zustand bei Übergabe.

2. Der Vermieter verpflichtet sich – vor Übergabe – spätestens jedoch bis zum _____

folgende Arbeiten vorzunehmen: _____

3. Die verschuldensunabhängige Haftung des Vermieters für anfängliche Sachmängel (§ 536 a BGB) wird dem Vermieter vom Mieter erlassen.

4. Die Aushändigung der Schlüssel und damit die Übergabe des Mietobjekts erfolgt, sofern nichts anderes schriftlich vereinbart wurde, bei Zahlung der ersten Miete.

§ 7 – Benutzung des Mietobjektes, Untervermietung, Tierhaltung

1. Der Mieter darf das Mietobjekt zu anderen als Wohnzwecken nur mit Einwilligung des Vermieters benutzen.

2. Untervermietung oder sonstige Gebrauchsüberlassung der Mietsache oder Teilen davon an Dritte darf nur mit Einwilligung des Vermieters erfolgen. Bei unbefugter Untervermietung kann der Vermieter verlangen, dass der Mieter binnen Monatsfrist das Untermietverhältnis kündigt. Geschieht dies nicht, so kann der Vermieter das Hauptmietverhältnis fristlos kündigen. Ist dem Vermieter die Einwilligung zur Untervermietung nur bei einer angemessenen Erhöhung der Miete zuzumuten, so kann er die Erlaubnis davon abhängig machen, dass der Mieter sich mit einer solchen Erhöhung einverstanden erklärt (§ 553, Abs. 2 BGB).

Der Mieter haftet für alle Handlungen oder Unterlassungen des Untermieters oder desjenigen, dem er den Gebrauch der Mietsache überlassen hat.

3. Jede Änderung der Nutzung durch Dritte ist dem Vermieter sofort anzuzeigen.

4. Jede Tierhaltung, mit Ausnahme von Kleintieren, wie z.B. Zierfische, Ziervögel, Hamster, Schildkröten, bedarf der Zustimmung des Vermieters. Der Vermieter darf die Zustimmung nur verweigern oder widerrufen, wenn sein berechtigtes Interesse als Vermieter das berechtigte Interesse des Mieters an der Tierhaltung unter besonderer Berücksichtigung der Tierart, der Tiergröße, der Tierhaltung und der von dem Tier ausgehenden Gefahren und Belästigungen überwiegt. Der Mieter haftet für alle aufgrund der Tierhaltung entstehenden Schäden.

5. Die Gartenanlage des Mietobjektes ist sachgerecht zu pflegen, insbesondere sind die Rasenflächen regelmäßig zu schneiden, Beete von Unkraut frei zu halten usw.

§ 8 – Elektrizität, Gas, Wasser

1. Bei Störungen oder Schäden an den Versorgungsleitungen hat der Mieter für sofortige Abschaltung zu sorgen und ist verpflichtet, den Vermieter sofort zu benachrichtigen.

2. Unregelmäßigkeiten und Änderungen der Energieversorgung, insbesondere eine Abänderung der Stromspannung, führen nicht zu Ersatzansprüchen gegen den Vermieter.

3. Wird die Strom-, Gas- oder Wasserversorgung oder die Entwässerung durch einen nicht vom Vermieter zu vertretenden Umstand unterbrochen, hat der Mieter keine Schadensersatzansprüche gegen den Vermieter.

4. Elektrische Leitungen dürfen ohne schriftliche Einwilligung des Vermieters weder anders verlegt noch neu installiert werden.

5. Wasser darf nur für den eigenen Bedarf entnommen werden. Eine Badeeinrichtung darf nicht zu kohlensäure-, eisen- oder schwefelhaltigen Bädern benutzt werden.

§ 9 – Erhaltungs- und Modernisierungsmaßnahmen des Vermieters

Der Mieter hat Erhaltungs- und Modernisierungsmaßnahmen zu dulden (§§ 555 a, 555 d BGB). Modernisierungsmaßnahmen sind dem Mieter spätestens drei Monate vor ihrem Beginn in Textform anzukündigen. Der Vermieter ist verpflichtet, in der Modernisierungsanzeige auf Form und Frist des Härteeinwandes nach § 555 d Abs. 3 BGB hinzuweisen.

§ 10 – Bauliche Änderungen durch den Mieter

1. Unwesentliche Veränderungen am Mietobjekt, d.h. am Gebäude oder am Hausgarten, darf der Mieter auch ohne Zustimmung des Vermieters vornehmen. Für die Durchführung wesentlicher Veränderungen bedarf er hingegen der vorherigen Zustimmung des Vermieters. Unwesentliche Veränderungen sind solche, die sich unter geringem Kostenaufwand wieder beseitigen lassen, und zwar so, dass der frühere Zustand wieder hergestellt wird.

2. Bauliche Veränderungen, Um- und Einbauten, insbesondere Änderungen der Installationen, Anbringung von Außenjalousien und Markisen sowie die Errichtung und Änderung von Feuerstätten nebst Ofenrohren dürfen nur vorgenommen werden, wenn der Vermieter zuvor eingewilligt hat und eine etwa erforderliche bauaufsichtsamtliche Einwilligung erteilt worden ist, die der Mieter einzuholen hat. Kosten dürfen dem Vermieter nicht entstehen.

3. Der Mieter haftet für alle Schäden, die dem Vermieter oder Dritten aus Maßnahmen gem. Ziffer 1. und 2. entstehen, ohne dass es des Nachweises des Verschuldens bedarf.

4. Einrichtungen, die der Mieter installiert hat, kann er wegnehmen. Der Vermieter kann aber verlangen, dass die Sachen bei Beendigung des Mietverhältnisses zurückgelassen werden, wenn der Vermieter so viel zahlt, als dem Zeitwert – unter Berücksichtigung der wirtschaftlichen Abnutzung und des technischen Fortschritts – entspricht. Mieter und Vermieter haben sich so rechtzeitig zu erklären, dass Vereinbarungen hierüber noch vor der Räumung getroffen werden können. Übernimmt der Vermieter vom Mieter eingebaute Einrichtungen nicht, so hat letzterer bis zum Vertragsablauf den früheren Zustand einschl. der Schönheitsreparaturen wieder herzustellen.

§ 11 – Außenantennen – Kabelanschluss

1. Soweit für Fernsehen und Rundfunk keine Gemeinschaftsantenne oder kein Kabelanschluss vorhanden ist, darf der Mieter auf eigene Kosten eine Einzel-Außenantenne oder eine Satellitenempfangsanlage anbringen, wobei Art und Weise und Folgen in einem Antennenvertrag zu regeln sind.

2. Der Mieter erklärt sich schon jetzt bezüglich der Mietsache mit der Installation eines Kabelanschlusses bzw. einer Gemeinschaftsantenne oder einer Satellitenanlage einverstanden.

§ 12 – Instandhaltung des Mietobjektes (siehe auch § 13)

1. Zeigt sich ein Mangel der Mietsache oder droht eine Gefahr, so hat der Mieter dem Vermieter dies zur Vermeidung seiner Schadensersatzpflicht unverzüglich anzuzeigen.

2. Leitungsverstopfungen hat der Mieter auf seine Kosten zu beseitigen.

– Haus- und Grundstücksordnung (evtl. auch weitere Anlagen) hier einkleben! –

Die Kündigung muss schriftlich bis zum dritten Werktag des ersten Monats der Kündigung erfolgen, durch den Vermieter unter Angabe sämtlicher Kündigungsgründe und unter Hinweis auf das binnen einer Frist von 2 Monaten vor Beendigung des Mietverhältnisses schriftlich auszuübende Widerspruchsrecht. Für die Rechtzeitigkeit ist der Zugang der Kündigung maßgeblich.

3. Wird das Mietobjekt zu Mietbeginn nicht übergeben, so kann der Mieter Schadenersatz nur verlangen, wenn der Vermieter die Verzögerung zu vertreten hat. Die Rechte des Mieters zur Mietminderung oder zur fristlosen Kündigung bleiben unberührt.

4. Der Vermieter kann im Rahmen der gesetzlichen Bestimmungen den Mietvertrag aus wichtigem Grund ohne Einhaltung einer Kündigungsfrist kündigen, wenn der Mieter seinen vertraglichen Verpflichtungen nicht nachkommt (z.B. Zahlungsrückstand, vertragswidriger Gebrauch, unbefugte Überlassung an Dritte, bei Nichteinhaltung von Nachbarrechten, sittenwidriges Verhalten usw.).
Ein Zahlungsrückstand liegt vor,

a) wenn der Mieter für zwei aufeinander folgende Termine mit einem Betrag rückständig ist, der eine Monatsmiete übersteigt, oder

b) wenn der Mieter in einem Zeitraum, der sich über mehr als zwei Termine erstreckt, mit einem Betrag in Höhe von zwei Monatsmieten rückständig ist.

5. Das Mietverhältnis verlängert sich auf unbestimmte Zeit, wenn der Mieter nach dem Ablauf der Mietzeit den Gebrauch der Mietsache fortsetzt und keine der Vertragsparteien den entgegenstehenden Willen innerhalb von 2 Wochen dem anderen Teil erklärt (§ 545 BGB).

6. Setzt der Mieter nach Ablauf der Mietzeit den Gebrauch fort, so hat er als Nutzungsentschädigung die ortsübliche Miete, mindestens die zuletzt vereinbart gewesene Miete, zu zahlen. Die Geltendmachung eines darüber hinausgehenden Schadens bleibt vorbehalten.

§ 3 – Miete, Nebenkosten, Vorauszahlungen, Schönheitsreparaturen, Sicherheit

EUR

● 1. Die Miete beträgt zurzeit monatlich _____

_____

Insgesamt

2. Außerdem hat der Mieter alle Betriebskosten zu tragen. Die Betriebskosten, insbesondere wie nachfolgend spezifiziert, sind als Vorschuss vom Mieter an den Vermieter zu zahlen, mit Ausnahme derjenigen Betriebskosten, zu denen ein direktes Vertragsverhältnis zwischen Mieter und Versorgungs-/Entsorgungsunternehmen besteht und die der Mieter direkt an das Versorgungs-/Entsorgungsunternehmen zahlt.

1) Die laufenden öffentlichen Lasten des Grundstücks, insbesondere die Grundsteuer
Die Kosten:
2) der Wasserversorgung,
3) der Entwässerung,
4) des Betriebs des Personen- oder Lastenaufzugs,
5) der Straßenreinigung und Müllbeseitigung sowie der Schnee- und Eisbeseitigung,
6) der Gebäudereinigung und Ungezieferbekämpfung,
7) der Gartenpflege,
8) der Beleuchtung,
9) der Schornsteinreinigung,
10) der Sach- und Haftpflichtversicherung,
11) für den Hauswart,

12) des Betriebs der Einrichtungen für die Wäschepflege,
13) des Betriebs der Gemeinschafts-Antennenanlage oder der mit einem Breitbandkabelnetz verbundenen privaten Verteilanlage,
14) sonstige Betriebskosten: Wartung u. Prüfung der Lüftungsanlagen, Feuerlöschgeräte, Blitzschutzanlagen, Notstromaggregate, RWA-Anlagen, Klimaanlagen, Rückstausicherungen, Rauchmelder, Brandmeldeanlagen, Sprinkler- bzw. Sprühwasserlöschanlagen, Trockensteigleitungen, Gasleitungen, Pumpenanlagen, automatischen Rollläden, Alarmanlagen, CO_2-Warnanlagen, Ölabscheider, Torschließsysteme u. Gemeinschaftseinrichtungen, die Kosten der Dachrinnenreinigung u. -beheizung, Elektro-Check, Öltankreinigung, doorman/Concierge, Videoüberwachung, Fassadenreinigung, elektr. Anlagen, Bereitschaftsdienst, Beleuchtung, Abwasserreinigung, Allgemeinstrom, Brandschutz-, Wachschutzkosten.

Die Betriebskosten werden, sofern sie nicht direkt vom Versorgungs-/Entsorgungsunternehmen mit dem Mieter abgerechnet werden und sofern sie nicht nach Verbrauch abzurechnen sind, nach dem Verhältnis der Mietfläche zur Gesamtfläche umgelegt.

● Die *Schönheitsreparaturen* übernimmt der ☐ Vermieter ☐ Mieter auf eigene Kosten.
Der Verpflichtete hat die Schönheitsreparaturen fachgerecht vorzunehmen.

3. Der Mieter leistet dem Vermieter *Sicherheit (Kaution)* für die Erfüllung seiner Verpflichtungen und/oder zur Befriedigung von Schadensersatzansprüchen in Höhe bis zu drei Monatsmieten (ohne Nebenkosten),

● nämlich in Höhe von EUR _____.

Der Vermieter hat die Sicherheit, getrennt von seinem Vermögen, bei einem Kreditinstitut zu dem für Spareinlagen mit dreimonatiger Kündigungsfrist üblichen Zinssatz anzulegen. Die Zinsen erhöhen die Sicherheit.

Der Mieter kann die Sicherheit in drei gleichen monatlichen Raten zahlen. Die erste Rate ist bei Beginn des Mietverhältnisses, die weiteren Raten zusammen mit den folgenden Mietzahlungen fällig (§ 551 Abs. 2 BGB). Gerät der Mieter mit der Zahlung der Sicherheitsleistung in Höhe eines Betrages der zweifachen Nettokaltmiete in Verzug, steht dem Vermieter das Recht zur außerordentlichen Kündigung des Mietverhältnisses zu.

§ 4 – Zahlung der Miete und der Nebenkosten

1. Die Miete und Nebenkosten sind monatlich im Voraus, spätestens am 3. Werktag des Monats kostenfrei an den Vermieter zu zahlen.

● ☐ Die Miete und Nebenkosten sind auf das Konto, Inhaber: _____
  IBAN _____
  BIC _____ zu zahlen.

2. Für die Rechtzeitigkeit der Zahlung kommt es nicht auf die Absendung, sondern auf die Ankunft des Geldes an.

● 3. Bei verspäteter Zahlung kann der Vermieter Mahnkosten in Höhe von EUR _____ je Mahnung, unbeschadet von Verzugszinsen, erheben. Bei Mahnkosten und Verzugszinsen handelt es sich um pauschalierten Schadensersatz. Der Mieter kann nachweisen, dass ein niedrigerer oder kein Schaden entstanden ist.

● 4. ☐ Die Miete und Nebenkosten werden im Lastschriftverfahren von einem vom Mieter zu benennenden Konto abgebucht. Der Mieter verpflichtet sich, dem Vermieter ein Lastschriftmandat zu erteilen. Dies gilt auch bei Kontoänderung.

§ 5 – Heizung und Warmwasserversorgung

1. Der Mieter ist verpflichtet, die vorhandene Heizung, soweit es die Außentemperaturen erfordern, mindestens aber in der Zeit vom 1. Oktober bis 30. April in Betrieb zu halten.

2. Die Betriebskosten, insbesondere die Kosten des Betriebs der zentralen Heizungsanlage und der zentralen Warmwasserversorgungsanlage bzw. der verbundenen Heizungs- und Warmwasserversorgungsanlage einschließlich der Abgasanlagen oder des Betriebs der zentralen Brennstoffversorgungsanlage oder der eigenständig gewerblichen Lieferung von Wärme aus zentralen Heizungs-/Warmwasserversorgungsanlagen oder der Reinigung und Wartung von Etagenheizungen und Gaseinzelfeuerstätten und Warmwassergeräten, trägt der Mieter.

Vertrag für die Vermietung eines Hauses

Vertrag-Nr. _____
Ausfertigung für Vermieter/Mieter

(● Punkte am Rand weisen darauf hin, dass eine zusätzliche Eintragung oder eine Streichung vorzunehmen ist.)

Unter Mieter und Vermieter werden die Mietparteien auch dann verstanden, wenn sie aus mehreren Personen bestehen. Alle im Vertrag genannten Personen haben den Mietvertrag eigenhändig zu unterschreiben. Nichtzutreffende Teile des Mietvertrages sind durchzustreichen, Zutreffendes ist anzukreuzen, freie Stellen sind auszufüllen oder durchzustreichen.

● Zwischen _____

_____ *als Vermieter,*

● vertreten durch _____

_____

● und _____

_____ ,

_____ , *als Mieter,*

● ist nachstehender Vertrag geschlossen worden. Die einziehende Familie besteht aus _____ Personen.

§ 1 – Mietobjekt

● 1. Vermietet wird _____

_____

● ☐ zur Benutzung als Wohnung, ☐ mit Garage ☐ und dem zugehörigen Grundstück.

● Das Haus hat folgende Räume: _____ Zimmer, _____ Kammer, _____ Küche, _____ Korridor, _____ Diele, _____ Bad, _____ Toilette,

● _____ Toilette mit Bad/Dusche, _____ Balkon, _____ Keller, _____ Hobbyräume, _____ Terrasse, _____ Garage _____

● Wohnfläche: ca. _____ m². Diese Angabe dient wegen möglicher Messfehler nicht zur Festlegung des Mietgegen-

standes. Der räumliche Umfang der gemieteten Sache ergibt sich vielmehr aus der Angabe der vermieteten Räume.

Kurze Beschreibung des Hauses (Zustand bei Vertragsbeginn, ggf. zusätzliches Blatt oder Rückseite der Hausordnung verwenden,

● ebenfalls unterschreiben und in den Falz einkleben): _____

_____

_____

Kurze Beschreibung der Gartenanlage und ihrer Bepflanzung (Zustand bei Vertragsbeginn, ggf. zusätzliches Blatt oder Rückseite der

● Hausordnung verwenden, ebenfalls unterschreiben und in den Falz einkleben): _____

_____

Der Ernteertrag von Obstbäumen, -sträuchern, Gemüseanbau und Blumen steht während der Dauer der Mietzeit

● ☐ dem Mieter ☐ dem Vermieter zu.

2. Über die dem Mieter auszuhändigenden Schlüssel wird gemäß besonderer Aufstellung quittiert.
Die Beschaffung weiterer Schlüssel durch den Mieter bedarf der Einwilligung des Vermieters.

3. Die Benutzung des Mietobjektes für gewerbliche und berufliche Zwecke bedarf der vorherigen schriftlichen, widerruflichen Einwilligung des Vermieters und Einholung einer etwa erforderlichen behördlichen Genehmigung. Der Mieter verpflichtet sich, in diesem Fall einen angemessenen Zuschlag zu zahlen.

4. Nur mit vorheriger Einwilligung des Vermieters darf der Mieter Schilder und dergleichen am vereinbarten Platz anbringen.

§ 2 – Mietzeit

● 1. a) ☐ Das Mietverhältnis beginnt am _____, es läuft auf *unbestimmte Zeit.*
Für die Kündigung gelten die gesetzlichen Regelungen des BGB, gemäß Ziffer 2.

● b) ☐ *Befristeter Kündigungsausschluss.*

Das Mietverhältnis beginnt am _____ . Das Mietverhältnis läuft auf unbestimmte Zeit.

Die ordentliche Kündigung mit gesetzlicher Frist ist jedoch erstmals zum _____ für Mieter und Vermieter zulässig. Kündigungsfristen siehe unter 2.
Das Recht zur Kündigung aus wichtigem Grund bleibt unberührt (siehe auch Ziffer 4 und § 3 Ziffer 3).

● c) ☐ Dieses Mietverhältnis ist ein *Zeitmietvertrag gemäß § 575 BGB.**)

● Es beginnt am _____ und endet am _____ , ohne dass es einer Kündigung bedarf.

Der Mieter hat bei Vertragsabschluss davon Kenntnis genommen, dass der Vermieter nach Ablauf der Mietzeit das Mietobjekt

● ☐ als Wohnung für sich selbst

● ☐ für folgende nahe Familienangehörige (Vor- und Zunamen sowie Verwandtschaftsgrad) _____

● ☐ für folgende Angehörige seines Haushalts (Vor- und Zunamen) _____

● nutzen will. Genaue Begründung (ggf. auf separater Anlage) _____

● ☐ beseitigen oder ☐ so wesentlich verändern oder instand setzen will,

dass die Maßnahmen durch eine Fortsetzung des Mietverhältnisses erheblich erschwert würden. Genaue Beschreibung der Maßnahmen (ggf. auf separater Anlage) _____

● ☐ an einen zur Dienstleistung Verpflichteten vermieten will. Begründung für den Bedarf als Dienstwohnung für den Verpflichteten und Angabe seiner Funktion (ggf. auf separater Anlage) _____
Der Mieter kann vom Vermieter frühestens vier Monate vor Ablauf der Befristung verlangen, dass dieser ihm binnen eines Monats mitteilt, ob der angegebene Grund noch besteht. – Tritt der Grund der Befristung erst später ein, so kann der Mieter eine Verlängerung des Mietverhältnisses um einen entsprechenden Zeitraum verlangen. Entfällt der Grund, so kann der Mieter eine Verlängerung auf unbestimmte Zeit verlangen.

2. Gesetzliche Kündigungsfristen: Die Kündigungsfrist beträgt für den Mieter 3 Monate,
für den Vermieter 3 Monate, wenn seit der Überlassung des Mietobjektes weniger als 5 Jahre vergangen sind, 6 Monate, wenn seit der Überlassung des Mietobjektes 5 Jahre vergangen sind, 9 Monate, wenn seit der Überlassung des Mietobjektes 8 Jahre vergangen sind, jeweils zum Ende eines Kalendermonats.

*) Beim Abschluss von Zeitmietverträgen wird vom Verlag empfohlen, rechtliche Beratung einzuholen.

Keine Haftung des Verlages für irrtümliche bzw. unrichtige Rechtsanwendung.
Nachdruck, Abschrift, Kopieren und elektronische Speicherung auch auszugsweise verboten.

9.14 / 75

www.rnk-verlag.de

3. Der Mieter hat die seinem unmittelbaren Zugriff unterliegenden Leitungen und Anlagen für Elektrizität und Gas, die sanitären Einrichtungen, Schlösser, Rollläden, Öfen, Herde, Heizkörper, Messeinrichtungen und ähnliche Einrichtungen so zu benutzen und zu bedienen, dass sie nicht beschädigt und nicht mehr als vertragsgemäß abgenutzt werden.

4. Ungezieferbefall hat der Mieter unverzüglich dem Vermieter anzuzeigen. Der Mieter hat die Kosten für die Beseitigung von Ungezieferbefall der Mietsache zu tragen, es sei denn, er hat den Ungezieferbefall nicht zu vertreten.

5. Der Mieter haftet dem Vermieter für Schäden, die durch Verletzung der ihm obliegenden Sorgfalts- und Anzeigepflicht entstehen, insbesondere auch, wenn Versorgungs- und Abflussleitungen, Toiletten-, Heizungsanlagen usw. unsachgemäß behandelt, die Räume unzureichend gelüftet, gereinigt oder bei entsprechenden Temperaturen unzureichend beheizt werden, um die Räume und die innerhalb der Mietsache liegenden Versorgungsleitungen gegen Frost zu schützen.

6. Der Mieter haftet für Schäden, die durch seine Angehörigen, Untermieter, Besucher, Lieferanten, Arbeitnehmer, Handwerker usw. verursacht worden sind.

7. Etwa vorhandenes Parkett ist besonders pfleglich zu behandeln.

§ 13 – Kleinreparaturen

1. Der Mieter ist verpflichtet, die Kosten für Kleinreparaturen bzw. für die Behebung von Bagatellschäden zu übernehmen, soweit

● diese im Einzelfall der Reparatur oder Bagatellschadenbehebung EUR _____ nicht übersteigen.

Die Übernahme solcher Kosten durch den Mieter ist

● je Kalenderjahr ☐ auf EUR _____ ☐ _____ v.H. der Jahresnettokaltmiete begrenzt.

2. Die Reparaturen bzw. die Behebung von Bagatellschäden im Sinne von Ziffer 1. beziehen sich auf die Teile des Mietobjektes, die dem Gebrauch des Mieters dienen, insbesondere: Einrichtungen für Elektrizität, Wasser, Gas, Heiz- und Kocheinrichtungen, Fenster- und Türverschlüsse sowie Verschlusseinrichtungen für etwa vorhandene Fensterläden.

3. Der Mieter ist nicht verpflichtet, die Reparaturen bzw. die Behebung der Bagatellschäden selbst durchzuführen oder in Auftrag zu geben. Die Notwendigkeit von Reparaturen bzw. Behebung von Bagatellschäden gemäß Ziffer 1. ist dem Vermieter unverzüglich nach Feststellung des jeweiligen Schadens mitzuteilen.

§ 14 – Pfandrecht des Vermieters

1. Der Mieter ist verpflichtet, den Vermieter sofort von einer etwaigen Pfändung eingebrachter Gegenstände unter Angabe des Gerichtsvollziehers und des pfändenden Gläubigers zu benachrichtigen.

2. Der Mieter erklärt, dass die beim Einzug eingebrachten Sachen sein freies Eigentum, nicht gepfändet und nicht verpfändet sind,

● mit Ausnahme folgender Gegenstände: _____

_____

§ 15 – Betreten des Mietobjektes durch den Vermieter

1. Der Vermieter kann das Grundstück und die Mieträume nach rechtzeitiger Ankündigung betreten, sei es zur Prüfung des Zustandes oder aus anderen wichtigen Gründen. Bei Gefahr ist ihm der Zutritt zu jeder Tages- und Nachtzeit gestattet.

2. Will der Vermieter das Grundstück verkaufen oder ist das Mietverhältnis gekündigt, so darf der Vermieter zusammen mit dem Miet- bzw. Kaufinteressenten das Grundstück und die Mieträume in angemessenem Maße betreten, und zwar auch sonntags.

3. Der Mieter hat sicherzustellen, dass der Vermieter sein Recht zur Besichtigung gemäß Ziffer 1. und 2. auch bei Abwesenheit des Mieters wahrnehmen kann.

§ 16 – Rückgabe des Mietobjektes

1. Bei Beendigung des Mietverhältnisses ist das Mietobjekt mit allen dazugehörigen Schlüsseln, auch selbst beschafften, in ordnungsgemäßem Zustand zu übergeben. Gibt der Mieter nicht alle Schlüssel zurück, ist er dem Vermieter gegenüber zum Ersatz des Schadens verpflichtet, der dadurch entsteht, dass der Vermieter Schlüssel beschaffen, Schlösser oder Schließanlagen ersetzen muss, es sei denn, der Mieter hat den Verlust nicht zu vertreten.

2. Hat der Mieter nach Beendigung des Mietverhältnisses seinen Besitz am Mietobjekt erkennbar dauerhaft aufgegeben, kann der Vermieter die Mietsache auf Kosten des Mieters öffnen und räumen.

3. Hat der Mieter am Gebäude bauliche Veränderungen oder eine Umgestaltung des Gartens vorgenommen und verlangt der Vermieter nicht die Wiederherstellung des früheren Zustandes, so hat der Mieter keinen Entschädigungsanspruch.

§ 17 – Vorzeitige Beendigung der Mietzeit

Wird das Mietverhältnis durch fristlose Kündigung aus wichtigem Grund durch den Vermieter vorzeitig beendet (siehe § 2 Ziffer 4 und § 3 Ziffer 3), so haftet der Mieter für den entstehenden vollständigen oder teilweisen Ausfall an Miete und Nebenkosten bis zum Ablauf der vereinbarten Mietzeit, jedoch höchstens für ein Jahr nach der Rückgabe.

§ 18 – Mehrere Personen als Vermieter oder Mieter

Vermieter und/oder Mieter haften als Gesamtschuldner, sofern es sich um mehrere Personen handelt. Für die Wirksamkeit einer Erklärung des Vermieters genügt es, wenn sie gegenüber einem der Mieter abgegeben wird. Die Mieter gelten insoweit als gegenseitig bevollmächtigt.

§ 19 – Weitere Vereinbarungen

1. Sollte eine Bestimmung dieser Vereinbarung ganz oder teilweise unwirksam sein oder ihre Rechtswirksamkeit später verlieren, so soll hierdurch die Gültigkeit der übrigen Bestimmungen nicht berührt werden. Anstelle der unwirksamen Bestimmung gelten die gesetzlichen Vorschriften.

Änderungen dieses Vertrages einschließlich Vertragsanlagen, die Bestandteil dieses Vertrages sind, sollen von den Vertragsparteien schriftlich bestätigt werden.

2. Die in der Anlage beigefügte Haus- und Grundstücksordnung ist Bestandteil dieses Vertrages, gesondert zu unterschreiben und in den Falz einzukleben.

3. Weitere Vereinbarungen (ggf. besonderes Blatt benutzen, zusätzlich unterschreiben und in den Falz einkleben.)

_____

_____

_____

_____

_____   _____
Ort / Datum   Mieter

_____   _____
Vermieter   Mieter

3. Die Betriebskosten werden vom Vermieter entsprechend der Heizkostenverordnung umgelegt.

4. Für die Betriebskosten der zentralen Heizungs- und Warmwasserversorgung sind monatlich Vorauszahlungen, deren Höhe der Vermieter festsetzt, zu leisten, über die nach Schluss der Heizperiode abzurechnen ist.

5. Ist ein Durchlauferhitzer oder Boiler zur Warmwasserbereitung oder/und eine separate Etagenheizung im Mietobjekt vorhanden, so trägt der Mieter gemäß Betriebskostenverordnung sämtliche Betriebs-, Wartungs- und Reinigungskosten. Die Wartung und Reinigung erfolgen jährlich.

6. Zieht der Mieter während eines laufenden Abrechnungszeitraumes aus, hat er die Kosten der erforderlichen Zwischenablesung zu tragen.

7. Die Leistung von Vorauszahlungen und die Abrechnung der Heizkosten gemäß Ziffer 4. entfallen anteilig oder vollständig, soweit der Mieter Kosten im Rahmen eines direkten Vertragsverhältnisses mit Versorgungs-/Entsorgungsunternehmen unterhält und Zahlungen direkt an das Versorgungs-/Entsorgungsunternehmen leistet.

§ 6 – Zustand und Übergabe des Mietobjektes

1. Der Vermieter gewährt den Gebrauch der Mietsache in dem Zustand bei Übergabe.

● 2. Der Vermieter verpflichtet sich – vor Übergabe – spätestens jedoch bis zum _____

folgende Arbeiten vorzunehmen: _____

3. Die verschuldensunabhängige Haftung des Vermieters für anfängliche Sachmängel (§ 536 a BGB) wird dem Vermieter vom Mieter erlassen.

4. Die Aushändigung der Schlüssel und damit die Übergabe des Mietobjekts erfolgt, sofern nichts anderes schriftlich vereinbart wurde, bei Zahlung der ersten Miete.

§ 7 – Benutzung des Mietobjektes, Untervermietung, Tierhaltung

1. Der Mieter darf das Mietobjekt zu anderen als Wohnzwecken nur mit Einwilligung des Vermieters benutzen.

2. Untervermietung oder sonstige Gebrauchsüberlassung der Mietsache oder Teilen davon an Dritte darf nur mit Einwilligung des Vermieters erfolgen. Bei unbefugter Untervermietung kann der Vermieter verlangen, dass der Mieter binnen Monatsfrist das Untermietverhältnis kündigt. Geschieht dies nicht, so kann der Vermieter das Hauptmietverhältnis fristlos kündigen. Ist dem Vermieter die Einwilligung zur Untervermietung nur bei einer angemessenen Erhöhung der Miete zuzumuten, so kann er die Erlaubnis davon abhängig machen, dass der Mieter sich mit einer solchen Erhöhung einverstanden erklärt (§ 553, Abs. 2 BGB).
Der Mieter haftet für alle Handlungen oder Unterlassungen des Untermieters oder desjenigen, dem er den Gebrauch der Mietsache überlassen hat.

3. Jede Änderung der Nutzung durch Dritte ist dem Vermieter sofort anzuzeigen.

4. Jede Tierhaltung, mit Ausnahme von Kleintieren, wie z.B. Zierfische, Ziervögel, Hamster, Schildkröten, bedarf der Zustimmung des Vermieters. Der Vermieter darf die Zustimmung nur verweigern oder widerrufen, wenn sein berechtigtes Interesse als Vermieter das berechtigte Interesse des Mieters an der Tierhaltung unter besonderer Berücksichtigung der Tierart, der Tiergröße, der Tierhaltung und der von dem Tier ausgehenden Gefahren und Belästigungen überwiegt. Der Mieter haftet für alle aufgrund der Tierhaltung entstehenden Schäden.

5. Die Gartenanlage des Mietobjektes ist sachgerecht zu pflegen, insbesondere sind die Rasenflächen regelmäßig zu schneiden, Beete von Unkraut frei zu halten usw.

§ 8 – Elektrizität, Gas, Wasser

1. Bei Störungen oder Schäden an den Versorgungsleitungen hat der Mieter für sofortige Abschaltung zu sorgen und ist verpflichtet, den Vermieter sofort zu benachrichtigen.

2. Unregelmäßigkeiten und Änderungen der Energieversorgung, insbesondere eine Abänderung der Stromspannung, führen nicht zu Ersatzansprüchen gegen den Vermieter.

3. Wird die Strom-, Gas- oder Wasserversorgung oder die Entwässerung durch einen nicht vom Vermieter zu vertretenden Umstand unterbrochen, hat der Mieter keine Schadensersatzansprüche gegen den Vermieter.

4. Elektrische Leitungen dürfen ohne schriftliche Einwilligung des Vermieters weder anders verlegt noch neu installiert werden.

5. Wasser darf nur für den eigenen Bedarf entnommen werden. Eine Badeeinrichtung darf nicht zu kohlensäure-, eisen- oder schwefelhaltigen Bädern benutzt werden.

§ 9 – Erhaltungs- und Modernisierungsmaßnahmen des Vermieters

Der Mieter hat Erhaltungs- und Modernisierungsmaßnahmen zu dulden (§§ 555a, 555d BGB). Modernisierungsmaßnahmen sind dem Mieter spätestens drei Monate vor ihrem Beginn in Textform anzukündigen. Der Vermieter ist verpflichtet, in der Modernisierungsanzeige auf Form und Frist des Härteeinwandes nach § 555d Abs. 3 BGB hinzuweisen.

§ 10 – Bauliche Änderungen durch den Mieter

1. Unwesentliche Veränderungen am Mietobjekt, d.h. am Gebäude oder am Hausgarten, darf der Mieter auch ohne Zustimmung des Vermieters vornehmen. Für die Durchführung wesentlicher Veränderungen bedarf er hingegen der vorherigen Zustimmung des Vermieters. Unwesentliche Veränderungen sind solche, die sich unter geringem Kostenaufwand wieder beseitigen lassen, und zwar so, dass der frühere Zustand wieder hergestellt wird.

2. Bauliche Veränderungen, Um- und Einbauten, insbesondere Änderungen der Installationen, Anbringung von Außenjalousien und Markisen sowie die Errichtung und Änderung von Feuerstätten nebst Ofenrohren dürfen nur vorgenommen werden, wenn der Vermieter zuvor eingewilligt hat und eine etwa erforderliche bauaufsichtsamtliche Einwilligung erteilt worden ist, die der Mieter einzuholen hat. Kosten dürfen dem Vermieter nicht entstehen.

3. Der Mieter haftet für alle Schäden, die dem Vermieter oder Dritten aus Maßnahmen gem. Ziffer 1. und 2. entstehen, ohne dass es des Nachweises des Verschuldens bedarf.

4. Einrichtungen, die der Mieter installiert hat, kann er wegnehmen. Der Vermieter kann aber verlangen, dass die Sachen bei Beendigung des Mietverhältnisses zurückgelassen werden, wenn der Vermieter so viel zahlt, als dem Zeitwert – unter Berücksichtigung der wirtschaftlichen Abnutzung und des technischen Fortschritts – entspricht. Mieter und Vermieter haben sich so rechtzeitig zu erklären, dass Vereinbarungen hierüber noch vor der Räumung getroffen werden können. Übernimmt der Vermieter vom Mieter eingebaute Einrichtungen nicht, so hat letzterer bis zum Vertragsablauf den früheren Zustand einschl. der Schönheitsreparaturen wieder herzustellen.

§ 11 – Außenantennen – Kabelanschluss

1. Soweit für Fernsehen und Rundfunk keine Gemeinschaftsantenne oder kein Kabelanschluss vorhanden ist, darf der Mieter auf eigene Kosten eine Einzel-Außenantenne oder eine Satellitenempfangsanlage anbringen, wobei Art und Weise und Folgen in einem Antennenvertrag zu regeln sind.

2. Der Mieter erklärt sich schon jetzt bezüglich der Mietsache mit der Installation eines Kabelanschlusses bzw. einer Gemeinschaftsantenne oder einer Satellitenanlage einverstanden.

§ 12 – Instandhaltung des Mietobjektes (siehe auch § 13)

1. Zeigt sich ein Mangel der Mietsache oder droht eine Gefahr, so hat der Mieter dem Vermieter dies zur Vermeidung seiner Schadensersatzpflicht unverzüglich anzuzeigen.

2. Leitungsverstopfungen hat der Mieter auf seine Kosten zu beseitigen.

Die Kündigung muss schriftlich bis zum dritten Werktag des ersten Monats der Kündigung erfolgen, durch den Vermieter unter Angabe sämtlicher Kündigungsgründe und unter Hinweis auf das binnen einer Frist von 2 Monaten vor Beendigung des Mietverhältnisses schriftlich auszuübende Widerspruchsrecht. Für die Rechtzeitigkeit ist der Zugang der Kündigung maßgeblich.

3. Wird das Mietobjekt zu Mietbeginn nicht übergeben, so kann der Mieter Schadenersatz nur verlangen, wenn der Vermieter die Verzögerung zu vertreten hat. Die Rechte des Mieters zur Mietminderung oder zur fristlosen Kündigung bleiben unberührt.

4. Der Vermieter kann im Rahmen der gesetzlichen Bestimmungen den Mietvertrag aus wichtigem Grund ohne Einhaltung einer Kündigungsfrist kündigen, wenn der Mieter seinen vertraglichen Verpflichtungen nicht nachkommt (z.B. Zahlungsrückstand, vertragswidriger Gebrauch, unbefugte Überlassung an Dritte, bei Nichteinhaltung von Nachbarrechten, sittenwidriges Verhalten usw.). Ein Zahlungsrückstand liegt vor,

a) wenn der Mieter für zwei aufeinander folgende Termine mit einem Betrag rückständig ist, der eine Monatsmiete übersteigt, oder

b) wenn der Mieter in einem Zeitraum, der sich über mehr als zwei Termine erstreckt, mit einem Betrag in Höhe von zwei Monatsmieten rückständig ist.

5. Das Mietverhältnis verlängert sich auf unbestimmte Zeit, wenn der Mieter nach dem Ablauf der Mietzeit den Gebrauch der Mietsache fortsetzt und keine der Vertragsparteien den entgegenstehenden Willen innerhalb von 2 Wochen dem anderen Teil erklärt (§ 545 BGB).

6. Setzt der Mieter nach Ablauf der Mietzeit den Gebrauch fort, so hat er als Nutzungsentschädigung die ortsübliche Miete, mindestens die zuletzt vereinbart gewesene Miete, zu zahlen. Die Geltendmachung eines darüber hinausgehenden Schadens bleibt vorbehalten.

§ 3 – Miete, Nebenkosten, Vorauszahlungen, Schönheitsreparaturen, Sicherheit

EUR

● 1. Die Miete beträgt zurzeit monatlich _____

_____

_____

_____

_____

Insgesamt

2. Außerdem hat der Mieter alle Betriebskosten zu tragen. Die Betriebskosten, insbesondere wie nachfolgend spezifiziert, sind als Vorschuss vom Mieter an den Vermieter zu zahlen, mit Ausnahme derjenigen Betriebskosten, zu denen ein direktes Vertragsverhältnis zwischen Mieter und Versorgungs-/Entsorgungsunternehmen besteht und die der Mieter direkt an das Versorgungs-/Entsorgungsunternehmen zahlt.

1) Die laufenden öffentlichen Lasten des Grundstücks, insbesondere die Grundsteuer
Die Kosten:
2) der Wasserversorgung,
3) der Entwässerung,
4) des Betriebs des Personen- oder Lastenaufzugs,
5) der Straßenreinigung und Müllbeseitigung sowie der Schnee- und Eisbeseitigung,
6) der Gebäudereinigung und Ungezieferbekämpfung,
7) der Gartenpflege,
8) der Beleuchtung,
9) der Schornsteinreinigung,
10) der Sach- und Haftpflichtversicherung,
11) für den Hauswart,
12) des Betriebs der Einrichtungen für die Wäschepflege,
13) des Betriebs der Gemeinschafts-Antennenanlage oder der mit einem Breitbandkabelnetz verbundenen privaten Verteilanlage,
14) sonstige Betriebskosten: Wartung u. Prüfung der Lüftungsanlagen, Feuerlöschgeräte, Blitzschutzanlagen, Notstromaggregate, RWA-Anlagen, Klimaanlagen, Rückstausicherungen, Rauchmelder, Brandmeldeanlagen, Sprinkler- bzw. Sprühwasserlöschanlagen, Trockensteigleitungen, Gasleitungen, Pumpenanlagen, automatischen Rollläden, Alarmanlagen, CO_2-Warnanlagen, Ölabscheider, Torschließsysteme u. Gemeinschaftseinrichtungen, die Kosten der Dachrinnenreinigung u. -beheizung, Elektro-Check, Öltankreinigung, doorman/Concierge, Videoüberwachung, Fassadenreinigung, elektr. Anlagen, Bereitschaftsdienst, Beleuchtung, Abwasserreinigung, Allgemeinstrom, Brandschutz-, Wachschutzkosten.

Die Betriebskosten werden, sofern sie nicht direkt vom Versorgungs-/Entsorgungsunternehmen mit dem Mieter abgerechnet werden und sofern sie nicht nach Verbrauch abzurechnen sind, nach dem Verhältnis der Mietfläche zur Gesamtfläche umgelegt.

● Die **Schönheitsreparaturen** übernimmt der ☐ Vermieter ☐ Mieter auf eigene Kosten.

Der Verpflichtete hat die Schönheitsreparaturen fachgerecht vorzunehmen.

3. Der Mieter leistet dem Vermieter **Sicherheit (Kaution)** für die Erfüllung seiner Verpflichtungen und/oder zur Befriedigung von Schadensersatzansprüchen in Höhe bis zu drei Monatsmieten (ohne Nebenkosten),

● nämlich in Höhe von EUR _____ .

Der Vermieter hat die Sicherheit, getrennt von seinem Vermögen, bei einem Kreditinstitut zu dem für Spareinlagen mit dreimonatiger Kündigungsfrist üblichen Zinssatz anzulegen. Die Zinsen erhöhen die Sicherheit.

Der Mieter kann die Sicherheit in drei gleichen monatlichen Raten zahlen. Die erste Rate ist bei Beginn des Mietverhältnisses, die weiteren Raten zusammen mit den folgenden Mietzahlungen fällig (§ 551 Abs. 2 BGB). Gerät der Mieter mit der Zahlung der Sicherheitsleistung in Höhe eines Betrages der zweifachen Nettokaltmiete in Verzug, steht dem Vermieter das Recht zur außerordentlichen Kündigung des Mietverhältnisses zu.

§ 4 – Zahlung der Miete und der Nebenkosten

1. Die Miete und Nebenkosten sind monatlich im Voraus, spätestens am 3. Werktag des Monats kostenfrei an den Vermieter zu zahlen.

● ☐ Die Miete und Nebenkosten sind auf das Konto, Inhaber: _____

IBAN _____

BIC _____ zu zahlen.

2. Für die Rechtzeitigkeit der Zahlung kommt es nicht auf die Absendung, sondern auf die Ankunft des Geldes an.

● 3. Bei verspäteter Zahlung kann der Vermieter Mahnkosten in Höhe von EUR _____ je Mahnung, unbeschadet von Verzugszinsen, erheben. Bei Mahnkosten und Verzugszinsen handelt es sich um pauschalierten Schadensersatz. Der Mieter kann nachweisen, dass ein niedrigerer oder kein Schaden entstanden ist.

● 4. ☐ Die Miete und Nebenkosten werden im Lastschriftverfahren von einem vom Mieter zu benennenden Konto abgebucht. Der Mieter verpflichtet sich, dem Vermieter ein Lastschriftmandat zu erteilen. Dies gilt auch bei Kontoänderung.

§ 5 – Heizung und Warmwasserversorgung

1. Der Mieter ist verpflichtet, die vorhandene Heizung, soweit es die Außentemperaturen erfordern, mindestens aber in der Zeit vom 1. Oktober bis 30. April in Betrieb zu halten.

2. Die Betriebskosten, insbesondere die Kosten des Betriebs der zentralen Heizungsanlage und der zentralen Warmwasserversorgungsanlage bzw. der verbundenen Heizungs- und Warmwasserversorgungsanlage einschließlich der Abgasanlagen oder des Betriebs der zentralen Brennstoffversorgungsanlage oder der eigenständig gewerblichen Lieferung von Wärme aus zentralen Heizungs-/Warmwasserversorgungsanlagen oder der Reinigung und Wartung von Etagenheizungen und Gaseinzelfeuerstätten und Warmwassergeräten, trägt der Mieter.

Vertrag für die Vermietung eines Hauses

Vertrag-Nr. _____
Ausfertigung für Vermieter/Mieter

(• Punkte am Rand weisen darauf hin, dass eine zusätzliche Eintragung oder eine Streichung vorzunehmen ist.)

Unter Mieter und Vermieter werden die Mietparteien auch dann verstanden, wenn sie aus mehreren Personen bestehen. Alle im Vertrag genannten Personen haben den Mietvertrag eigenhändig zu unterschreiben. Nichtzutreffende Teile des Mietvertrages sind durchzustreichen, Zutreffendes ist anzukreuzen, freie Stellen sind auszufüllen oder durchzustreichen.

- Zwischen _____
_____ **als Vermieter,**

- vertreten durch _____
_____

- und _____
_____
_____ ,
_____ , **als Mieter,**

- ist nachstehender Vertrag geschlossen worden. Die einziehende Familie besteht aus _____ Personen.

§ 1 – Mietobjekt

- 1. Vermietet wird _____

- ☐ zur Benutzung als Wohnung, ☐ mit Garage ☐ und dem zugehörigen Grundstück.
- Das Haus hat folgende Räume: _____ Zimmer, _____ Kammer, _____ Küche, _____ Korridor, _____ Diele, _____ Bad, _____ Toilette,
- _____ Toilette mit Bad/Dusche, _____ Balkon, _____ Keller, _____ Hobbyräume, _____ Terrasse, _____ Garage _____
- Wohnfläche: ca. _____ m². Diese Angabe dient wegen möglicher Messfehler nicht zur Festlegung des Mietgegenstandes. Der räumliche Umfang der gemieteten Sache ergibt sich vielmehr aus der Angabe der vermieteten Räume.
Kurze Beschreibung des Hauses (Zustand bei Vertragsbeginn, ggf. zusätzliches Blatt oder Rückseite der Hausordnung verwenden,
- ebenfalls unterschreiben und in den Falz einkleben): _____
_____
_____

Kurze Beschreibung der Gartenanlage und ihrer Bepflanzung (Zustand bei Vertragsbeginn, ggf. zusätzliches Blatt oder Rückseite der
- Hausordnung verwenden, ebenfalls unterschreiben und in den Falz einkleben): _____
_____

Der Ernteertrag von Obstbäumen, -sträuchern, Gemüseanbau und Blumen steht während der Dauer der Mietzeit
- ☐ dem Mieter ☐ dem Vermieter zu.
2. Über die dem Mieter auszuhändigenden Schlüssel wird gemäß besonderer Aufstellung quittiert.
Die Beschaffung weiterer Schlüssel durch den Mieter bedarf der Einwilligung des Vermieters.
3. Die Benutzung des Mietobjektes für gewerbliche und berufliche Zwecke bedarf der vorherigen schriftlichen, widerruflichen Einwilligung des Vermieters und Einholung einer etwa erforderlichen behördlichen Genehmigung. Der Mieter verpflichtet sich, in diesem Fall einen angemessenen Zuschlag zu zahlen.
4. Nur mit vorheriger Einwilligung des Vermieters darf der Mieter Schilder und dergleichen am vereinbarten Platz anbringen.

§ 2 – Mietzeit

- 1. a) ☐ Das Mietverhältnis beginnt am _____ , es läuft auf **unbestimmte Zeit.**
Für die Kündigung gelten die gesetzlichen Regelungen des BGB, gemäß Ziffer 2.

- b) ☐ **Befristeter Kündigungsausschluss.**
Das Mietverhältnis beginnt am _____ . Das Mietverhältnis läuft auf unbestimmte Zeit.
Die ordentliche Kündigung mit gesetzlicher Frist ist jedoch erstmals zum _____ für Mieter und Vermieter zulässig. Kündigungsfristen siehe unter 2.
Das Recht zur Kündigung aus wichtigem Grund bleibt unberührt (siehe auch Ziffer 4 und § 3 Ziffer 3).

- c) ☐ Dieses Mietverhältnis ist ein **Zeitmietvertrag gemäß § 575 BGB.*)**
- Es beginnt am _____ und endet am _____ , ohne dass es einer Kündigung bedarf.
Der Mieter hat bei Vertragsabschluss davon Kenntnis genommen, dass der Vermieter nach Ablauf der Mietzeit das Mietobjekt
- ☐ als Wohnung für sich selbst
- ☐ für folgende nahe Familienangehörige (Vor- und Zunamen sowie Verwandtschaftsgrad) _____

- ☐ für folgende Angehörige seines Haushalts (Vor- und Zunamen) _____

nutzen will. Genaue Begründung (ggf. auf separater Anlage) _____
- ☐ beseitigen oder ☐ so wesentlich verändern oder instand setzen will,
dass die Maßnahmen durch eine Fortsetzung des Mietverhältnisses erheblich erschwert würden. Genaue Beschreibung der Maßnahmen (ggf. auf separater Anlage) _____
- ☐ an einen zur Dienstleistung Verpflichteten vermieten will. Begründung für den Bedarf als Dienstwohnung für den Verpflichteten und Angabe seiner Funktion (ggf. auf separater Anlage) _____
Der Mieter kann vom Vermieter frühestens vier Monate vor Ablauf der Befristung verlangen, dass dieser ihm binnen eines Monats mitteilt, ob der angegebene Grund noch besteht. – Tritt der Grund der Befristung erst später ein, so kann der Mieter eine Verlängerung des Mietverhältnisses um einen entsprechenden Zeitraum verlangen. Entfällt der Grund, so kann der Mieter eine Verlängerung auf unbestimmte Zeit verlangen.
2. Gesetzliche Kündigungsfristen: Die Kündigungsfrist beträgt für den Mieter 3 Monate,
für den Vermieter 3 Monate, wenn seit der Überlassung des Mietobjektes weniger als 5 Jahre vergangen sind, 6 Monate, wenn seit der Überlassung des Mietobjektes 5 Jahre vergangen sind, 9 Monate, wenn seit der Überlassung des Mietobjektes 8 Jahre vergangen sind, jeweils zum Ende eines Kalendermonats.

*) Beim Abschluss von Zeitmietverträgen wird vom Verlag empfohlen, rechtliche Beratung einzuholen.

RNK Verlags-Nr. **545**

Keine Haftung des Verlages für irrtümliche bzw. unrichtige Rechtsanwendung.
Nachdruck, Abschrift, Kopieren und elektronische Speicherung auch auszugsweise verboten.

9.14 / 75

www.rnk-verlag.de

Anlage zum Vertrag für die Vermietung eines Hauses zwischen _____

und _____

HAUS- UND GRUNDSTÜCKSORDNUNG

Anerkennung der Haus- und Grundstücksordnung

Diese Haus- und Grundstücksordnung ist Bestandteil des oben bezeichneten Mietvertrages.
Der Mieter erkennt die Haus- und Grundstücksordnung an. Ein Verstoß gegen die Haus- und Grundstücksordnung ist ein vertragswidriger Gebrauch des Mietgegenstandes. Bei schwerwiegenden Fällen kann der Vermieter nach erfolgloser Abmahnung das Vertragsverhältnis ohne Einhaltung einer Kündigungsfrist kündigen. Für alle Schäden, die dem Vermieter durch Verletzung oder Nichtbeachtung der Haus- und Grundstücksordnung und durch Nichterfüllung der Meldepflichten entstehen, ist der Mieter ersatzpflichtig.

Allgemeine Bestimmungen

Der Mieter hat von der Mietsache nur vertragsgemäß Gebrauch zu machen und sie regelmäßig zu reinigen.
Jede Ruhestörung ist zu vermeiden, besonders durch lautes Musizieren (Rundfunk- und Fernsehempfang, Benutzung von Musikinstrumenten, Tonwiedergabegeräten usw. nur in Zimmerlautstärke). In der Mittagszeit und nach 22 Uhr ist jeder Lärm zu unterlassen.
Abfälle jeder Art dürfen nur in die Müll- oder Recyclingtonnen geschüttet werden. Daneben geschüttete Abfälle sind sofort zu beseitigen. Sperrige Gegenstände muss der Mieter auf eigene Kosten entsorgen bzw. durch die Sperrmüllabfuhr abholen lassen.
Darüber hinaus ist der Mieter verpflichtet:
Seine Kinder ausreichend zu beaufsichtigen.
Vor und auf dem Grundstück keine Tauben oder Möwen zu füttern.
Scharf- oder übelriechende, leicht entzündliche oder sonstige schädliche Sachen sachgemäß zu beseitigen.
Brennstoffe nur an den vom Vermieter bezeichneten Stellen zu zerkleinern.
Für Verkehr, Aufstellen und Lagern von Gegenständen auf den gemeinschaftlich genutzten Flächen und Räumen (auch von Fahrzeugen jeder Art) gegebenenfalls die Einwilligung des Vermieters, ggf. auch die betreffende behördliche Genehmigung einzuholen.
Mopeds, Motorräder und Motorroller nicht im Haus, in Nebenräumen, im Treppenhaus oder im Keller abzustellen.
Das Auftreten von Ungeziefer dem Vermieter sofort mitzuteilen und erforderlichenfalls geeignete Maßnahmen zur unverzüglichen Beseitigung einzuleiten, um ein weiteres Ausbreiten des Ungeziefers zu verhindern.
Bei Schneefall und Eisglätte ist der Mieter verpflichtet, die Schneeräumung und das Streuen mit abstumpfenden Mitteln auf und vor dem Grundstück nach den behördlichen Vorschriften auszuführen.
Bei glitschigem Herbstlaub hat der Mieter dafür zu sorgen, dass die Wege vor und auf dem Grundstück gefahrlos zu begehen sind.

Sorgfaltspflicht des Mieters

Der Mieter ist unter anderem zu Folgendem verpflichtet:
Trockenhalten und ordnungsgemäße Behandlung der Fußböden; diese ist so vorzunehmen, dass keine Schäden entstehen. Eindruckstellen sind durch zweckentsprechende Untersätze zu vermeiden.
Vermeidung von Beschädigungen der Gas-, Be- und Entwässerungsanlagen, Regenrinnen, elektrischen Anlagen und sonstigen Hauseinrichtungen, von Verstopfungen der Gas- und Entwässerungsanlagen und Regenrinnen.
Sofortiges Melden von Störungen an solchen Einrichtungen.
Ordnungsgemäßes Verschlossenhalten der Türen und Fenster bei Unwetter, Nacht und Abwesenheit.
Die Befreiung der Balkone und Terrassen von Schnee und sonstigen ungewöhnlichen Belastungen (Brennstoffen usw.), das Reinigen von Kellerlichtschächten und -fenstern, im gleichen Fall das ordnungsgemäße Lüften der Keller und Böden, ebenso das Fensterschließen bei Nacht, Kälte oder Nässe.
Dafür zu sorgen, dass während der Heizperiode durch unterlassenes Heizen keine Frostschäden im Mietobjekt auftreten.
Alle wasserführenden Objekte sachgemäß zu entleeren, falls bei starkem Frost die Heizungsanlage ausfällt.
Verschlüsse gegen Kellerüberschwemmungen sind ständig verschlossen zu halten.
Abwesenheit entbindet den Mieter nicht von den zu treffenden Frostschutzmaßnahmen.
Bei Wassereinbruch oder Überschwemmungen ist der Vermieter sofort zu benachrichtigen.

Brandschutzbestimmungen

Alle allgemeinen technischen und behördlichen Vorschriften, besonders auch die bau- und feuerpolizeilichen Bestimmungen (u.a. über die Lagerung von feuergefährlichen bzw. brennbaren Stoffen) sind zu beachten und einzuhalten.
Nicht gestattet bzw. zu unterlassen ist:
Offenes Licht und Rauchen auf dem Boden oder im Keller. Das Lagern und Aufbewahren feuergefährlicher und leicht entzündlicher Stoffe (Benzin, Spiritus, Öl, Packmaterial, Feuerwerkskörper usw.) auf dem Boden und im Keller.
Das Aufbewahren von Möbeln, Matratzen, Textilien und Futtervorräten u. ä. auf dem Boden.
Größere Gegenstände, wenn nicht anderweitig unterzubringen, sind so aufzustellen, dass diese Räume in allen Teilen leicht zugänglich und übersichtlich bleiben.
Kleinere Gegenstände sind nur in geschlossenen Behältnissen (Kästen, Truhen, Koffern) aufzubewahren.
Der Mieter ist verpflichtet:
Die Feuerstätten in brandsicherem Zustand (auch frei von Asche und Ruß) zu halten.
Dem Schornsteinfeger das Reinigen der in den Mieträumen endenden Schornsteinrohre zu gestatten.
Veränderungen an Feuerstätten und Abzugsrohren nur mit Genehmigung des Vermieters, der zuständigen Behörden bzw. des zuständigen Schornsteinfegermeisters vorzunehmen. An und unter den Feuerstellen den Fußboden ausreichend zu schützen.
Nur geeignete und zulässige Brennmaterialien zu verwenden und diese nicht in der Wohnung aufzubewahren, sondern sachgemäß im Keller zu lagern.
Heiße Asche nicht in die Mülltonnen zu entleeren, sondern sie zuvor mit Wasser abzulöschen.
In den Miet-, Boden- und Kellerräumen nicht mit feuergefährlichen Mitteln zu hantieren. Bei Ausbruch eines Brandes oder bei einer Explosion die angemessenen Gegenmaßnahmen einzuleiten und sofort den Vermieter zu verständigen.
Alle Gasleitungen und -installationen ständig auf Dichtigkeit zu überwachen, bei verdächtigem Geruch sofort Hauptabsperrhähne zu schließen und Installateur oder Gaswerke sowie den Vermieter zu benachrichtigen. Bei längerer Abwesenheit ist der Absperrhahn am Gaszähler zu schließen.

Für zusätzliche Vereinbarungen kann die Rückseite verwendet werden. Diese müssen von beiden Parteien ebenfalls unterschrieben werden.

Ort /Datum _____   Mieter _____

Vermieter _____   Mieter _____

RNK Verlags-Nr. **545**   Nachdruck, Abschrift, Kopieren und elektronische Speicherung auch auszugsweise verboten.   9.14 / 75

Anlage zum Vertrag für die Vermietung eines Hauses zwischen _____

_____

und _____

HAUS- UND GRUNDSTÜCKSORDNUNG

Anerkennung der Haus- und Grundstücksordnung

Diese Haus- und Grundstücksordnung ist Bestandteil des oben bezeichneten Mietvertrages.
Der Mieter erkennt die Haus- und Grundstücksordnung an. Ein Verstoß gegen die Haus- und Grundstücksordnung ist ein vertragswidriger Gebrauch des Mietgegenstandes. Bei schwerwiegenden Fällen kann der Vermieter nach erfolgloser Abmahnung das Vertragsverhältnis ohne Einhaltung einer Kündigungsfrist kündigen. Für alle Schäden, die dem Vermieter durch Verletzung oder Nichtbeachtung der Haus- und Grundstücksordnung und durch Nichterfüllung der Meldepflichten entstehen, ist der Mieter ersatzpflichtig.

Allgemeine Bestimmungen

Der Mieter hat von der Mietsache nur vertragsgemäß Gebrauch zu machen und sie regelmäßig zu reinigen.
Jede Ruhestörung ist zu vermeiden, besonders durch lautes Musizieren (Rundfunk- und Fernsehempfang, Benutzung von Musikinstrumenten, Tonwiedergabegeräten usw. nur in Zimmerlautstärke). In der Mittagszeit und nach 22 Uhr ist jeder Lärm zu unterlassen.
Abfälle jeder Art dürfen nur in die Müll- oder Recyclingtonnen geschüttet werden. Daneben geschüttete Abfälle sind sofort zu beseitigen. Sperrige Gegenstände muss der Mieter auf eigene Kosten entsorgen bzw. durch die Sperrmüllabfuhr abholen lassen.
Darüber hinaus ist der Mieter verpflichtet:
Seine Kinder ausreichend zu beaufsichtigen.
Vor und auf dem Grundstück keine Tauben oder Möwen zu füttern.
Scharf- oder übelriechende, leicht entzündliche oder sonstige schädliche Sachen sachgemäß zu beseitigen.
Brennstoffe nur an den vom Vermieter bezeichneten Stellen zu zerkleinern.
Für Verkehr, Aufstellen und Lagern von Gegenständen auf den gemeinschaftlich genutzten Flächen und Räumen (auch von Fahrzeugen jeder Art) gegebenenfalls die Einwilligung des Vermieters, ggf. auch die betreffende behördliche Genehmigung einzuholen.
Mopeds, Motorräder und Motorroller nicht im Haus, in Nebenräumen, im Treppenhaus oder im Keller abzustellen.
Das Auftreten von Ungeziefer dem Vermieter sofort mitzuteilen und erforderlichenfalls geeignete Maßnahmen zur unverzüglichen Beseitigung einzuleiten, um ein weiteres Ausbreiten des Ungeziefers zu verhindern.
Bei Schneefall und Eisglätte ist der Mieter verpflichtet, die Schneeräumung und das Streuen mit abstumpfenden Mitteln auf und vor dem Grundstück nach den behördlichen Vorschriften auszuführen.
Bei glitschigem Herbstlaub hat der Mieter dafür zu sorgen, dass die Wege vor und auf dem Grundstück gefahrlos zu begehen sind.

Sorgfaltspflicht des Mieters

Der Mieter ist unter anderem zu Folgendem verpflichtet:
Trockenhalten und ordnungsgemäße Behandlung der Fußböden; diese ist so vorzunehmen, dass keine Schäden entstehen. Eindruckstellen sind durch zweckentsprechende Untersätze zu vermeiden.
Vermeidung von Beschädigungen der Gas-, Be- und Entwässerungsanlagen, Regenrinnen, elektrischen Anlagen und sonstigen Hauseinrichtungen, von Verstopfungen der Gas- und Entwässerungsanlagen und Regenrinnen.
Sofortiges Melden von Störungen an solchen Einrichtungen.
Ordnungsgemäßes Verschlossenhalten der Türen und Fenster bei Unwetter, Nacht und Abwesenheit.
Die Befreiung der Balkone und Terrassen von Schnee und sonstigen ungewöhnlichen Belastungen (Brennstoffen usw.), das Reinigen von Kellerlichtschächten und -fenstern, im gleichen Fall das ordnungsgemäße Lüften der Keller und Böden, ebenso das Fensterschließen bei Nacht, Kälte oder Nässe.
Dafür zu sorgen, dass während der Heizperiode durch unterlassenes Heizen keine Frostschäden im Mietobjekt auftreten.
Alle wasserführenden Objekte sachgemäß zu entleeren, falls bei starkem Frost die Heizungsanlage ausfällt.
Verschlüsse gegen Kellerüberschwemmungen sind ständig verschlossen zu halten.
Abwesenheit entbindet den Mieter nicht von den zu treffenden Frostschutzmaßnahmen.
Bei Wassereinbruch oder Überschwemmungen ist der Vermieter sofort zu benachrichtigen.

Brandschutzbestimmungen

Alle allgemeinen technischen und behördlichen Vorschriften, besonders auch die bau- und feuerpolizeilichen Bestimmungen (u.a. über die Lagerung von feuergefährlichen bzw. brennbaren Stoffen) sind zu beachten und einzuhalten.
Nicht gestattet bzw. zu unterlassen ist:
Offenes Licht und Rauchen auf dem Boden oder im Keller. Das Lagern und Aufbewahren feuergefährlicher und leicht entzündlicher Stoffe (Benzin, Spiritus, Öl, Packmaterial, Feuerwerkskörper usw.) auf dem Boden und im Keller.
Das Aufbewahren von Möbeln, Matratzen, Textilien und Futtervorräten u. ä. auf dem Boden.
Größere Gegenstände, wenn nicht anderweitig unterzubringen, sind so aufzustellen, dass diese Räume in allen Teilen leicht zugänglich und übersichtlich bleiben.
Kleinere Gegenstände sind nur in geschlossenen Behältnissen (Kästen, Truhen, Koffern) aufzubewahren.
Der Mieter ist verpflichtet:
Die Feuerstätten in brandsicherem Zustand (auch frei von Asche und Ruß) zu halten.
Dem Schornsteinfeger das Reinigen der in den Mieträumen endenden Schornsteinrohre zu gestatten.
Veränderungen an Feuerstätten und Abzugsrohren nur mit Genehmigung des Vermieters, der zuständigen Behörden bzw. des zuständigen Schornsteinfegermeisters vorzunehmen. An und unter den Feuerstellen den Fußboden ausreichend zu schützen.
Nur geeignete und zulässige Brennmaterialien zu verwenden und diese nicht in der Wohnung aufzubewahren, sondern sachgemäß im Keller zu lagern. Heiße Asche nicht in die Mülltonnen zu entleeren, sondern sie zuvor mit Wasser abzulöschen.
In den Miet-, Boden- und Kellerräumen nicht mit feuergefährlichen Mitteln zu hantieren. Bei Ausbruch eines Brandes oder bei einer Explosion die angemessenen Gegenmaßnahmen einzuleiten und sofort den Vermieter zu verständigen.
Alle Gasleitungen und -installationen ständig auf Dichtigkeit zu überwachen, bei verdächtigem Geruch sofort Hauptabsperrhähne zu schließen und Installateur oder Gaswerke sowie den Vermieter zu benachrichtigen. Bei längerer Abwesenheit ist der Absperrhahn am Gaszähler zu schließen.

Für zusätzliche Vereinbarungen kann die Rückseite verwendet werden. Diese müssen von beiden Parteien ebenfalls unterschrieben werden.

_____ _____
Ort / Datum Mieter

_____ _____
Vermieter Mieter

NK R Verlags-Nr. **545**   Nachdruck, Abschrift, Kopieren und elektronische Speicherung auch auszugsweise verboten.   9.14 / 75

Wohnungs-Einheitsmietvertrag

Vertrag-Nr. _____
Ausfertigung für Vermieter/Mieter

(● Punkte am Rand weisen darauf hin, dass eine zusätzliche Eintragung oder eine Streichung vorzunehmen ist.)

Unter Mieter und Vermieter werden die Vertragsparteien auch dann verstanden, wenn sie aus mehreren Personen bestehen. Alle im Vertrag genannten Personen haben den Mietvertrag eigenhändig zu unterschreiben. Nichtzutreffende Teile des Mietvertrages sind durchzustreichen, Zutreffendes ist anzukreuzen, freie Stellen sind auszufüllen oder durchzustreichen.

● Zwischen _____

_____ *als Vermieter,*

● vertreten durch _____

_____

● und _____

● _____ , *als Mieter,*

wird folgender Mietvertrag geschlossen:

§ 1 – Mieträume

● 1. Vermietet werden im Haus (Anschrift) _____

● folgende Räume: _____ Zimmer, _____ Kammer, _____ Küche, _____ Korridor/Diele, _____ Bad, _____ Toilette, _____ Toilette mit

● Bad/Dusche, _____ Balkon, _____ Kellerraum _____ Nr. _____ , _____ Bodenraum _____ Nr. _____ , _____

● zur Benutzung als Wohnung _____ Wohnfläche: ca. _____ m².
Diese Angabe dient wegen möglicher Messfehler nicht zur Festlegung des Mietgegenstandes. Der räumliche Umfang der gemieteten Sache ergibt sich vielmehr aus der Angabe der vermieteten Räume.
Die nachstehend aufgeführten Einrichtungen dürfen nach Maßgabe der Benutzungsordnung mitbenutzt werden: (z. B. Waschanlage, Fahrzeugeinstellplatz usw.) _____

● 2. Der Vermieter verpflichtet sich, dem Mieter bei Übergabe der Mieträume folgende Schlüssel auszuhändigen: _____ Haus-,

● _____ Wohnungs-, _____ Zimmer-, _____ Boden-, _____ Keller-, _____ Aufzug-, _____ Garagen-, _____ Hausbriefkasten-, _____ Schlüssel.
Die Beschaffung weiterer Schlüssel durch den Mieter bedarf der Einwilligung des Vermieters.

3. Die Mieträume dürfen vom Mieter nur zu Wohnzwecken genutzt werden. Die Gesamtzahl der Personen, die die Wohnung be-
● ziehen werden – bewohnen – beträgt _____ . – Der Mieter ist verpflichtet, seiner gesetzlichen Meldepflicht nachzukommen.
Die Anbringung von Schildern, Werbung, Automaten und dergleichen außerhalb der Mieträume bedarf der vorherigen schriftlichen Einwilligung des Vermieters.

§ 2 – Mietzeit und ordentliche Kündigung

● 1. ☐ Das Mietverhältnis beginnt am _____ , es läuft auf *unbestimmte Zeit.*

● ☐ Die Wohnung ist nur zum *vorübergehenden Gebrauch* durch den Mieter gemietet, nämlich wegen _____

● _____
Das Mietverhältnis kann aus diesem Grund bis zum 3. Werktag jeden Monats zum Schluss dieses Monats s c h r i f t l i c h gekündigt werden.

2. Ist die Wohnung nicht zum vorübergehenden Gebrauch gemietet, beträgt die Kündigungsfrist für den Mieter 3 Monate, für den Vermieter 3 Monate, wenn seit der Überlassung des Wohnraums weniger als 5 Jahre vergangen sind, 6 Monate, wenn seit der Überlassung des Wohnraums 5 Jahre vergangen sind, 9 Monate, wenn seit der Überlassung des Wohnraums 8 Jahre vergangen sind, jeweils zum Ende eines Kalendermonats.
Die Kündigung muss s c h r i f t l i c h bis zum dritten Werktag des ersten Monats der Kündigung erfolgen, durch den Vermieter unter Angabe sämtlicher Kündigungsgründe und unter Hinweis auf das binnen einer Frist von 2 Monaten vor Beendigung des Mietverhältnisses schriftlich auszuübende Widerspruchsrecht. Für die Rechtzeitigkeit ist der Zugang der Kündigung maßgeblich.

§ 3 – Miete, Nebenkosten, Schönheitsreparaturen   *EUR*

● 1. ☐ Die *Brutto-Kaltmiete* (einschließlich Betriebskosten, ausschließlich Heizung und Warmwasser) beträgt

● ☐ Die *Netto-Kaltmiete* (ausschließlich Betriebskosten, Heizung und Warmwasser) beträgt   _____

● Neben der Miete sind monatlich zu entrichten für:

☐ Betriebskostenvorschuss für Betriebskosten gemäß Ziffer 2. _____ zzt. _____

☐ Betriebskostenpauschale für Betriebskosten gemäß Ziffer 2. _____ zzt. _____

Heizkostenvorschuss gemäß § 5 _____ zzt. _____

                                                        zzt. _____

Insgesamt sind zzt. monatlich zu zahlen:

2. Die *Betriebskosten* gemäß Betriebskostenverordnung in der jeweils geltenden Fassung,

● ☐ ermittelt aufgrund der letzten Berechnung des Vermieters vom _____ ,

● ☐ sind in der gem. Ziffer 1. vereinbarten Brutto-Kaltmiete ausschließlich Heizung und Warmwasser anteilig *enthalten.*

● ☐ sind in der gem. Ziffer 1. vereinbarten Netto-Kaltmiete *nicht enthalten.*

Die Betriebskosten, insbesondere wie nachfolgend spezifiziert, sind als Vorschuss vom Mieter an den Vermieter zu zahlen. Die Abrechnung mit dem Mieter erfolgt jährlich. Die nachfolgende Spezifikation gilt auch bei Vereinbarung einer Betriebskostenpauschale. Die Umlegung der Kosten für Sammelheizung und Warmwasserversorgung ist in § 5 dieses Vertrages vereinbart.

1) Die laufenden öffentlichen Lasten des Grundstücks, insbesondere die Grundsteuer,
Die Kosten:
2) der Wasserversorgung,
3) der Entwässerung,
4) des Betriebs des Personen- oder Lastenaufzugs,
5) der Straßenreinigung und Müllbeseitigung sowie der Schnee- und Eisbeseitigung,
6) der Gebäudereinigung und Ungezieferbekämpfung,
7) der Gartenpflege,
8) der Beleuchtung,
9) der Schornsteinreinigung,
10) der Sach- und Haftpflichtversicherung,
11) für den Hauswart,
12) des Betriebs der Einrichtungen für die Wäschepflege,
13) des Betriebs der Gemeinschafts-Antennenanlage oder der mit einem Breitbandkabelnetz verbundenen privaten Verteilanlage,
14) Umlageausfallwagnis (nur bei öffentl. gefördertem Wohnraum),
15) sonstige Betriebskosten: Wartung u. Prüfung der Lüftungsanlagen, Feuerlöschgeräte, Blitzschutzanlagen, Notstromaggregate, RWA-Anlagen, Klimaanlagen, Rückstausicherungen, Rauchmelder, Brandmeldeanlagen, Sprinkler- bzw. Sprühwasserlöschanlagen, Trockensteigleitungen, Gasleitungen, Pumpenanlagen, automatischen Rollläden, Alarmanlagen, CO_2-Warnanlagen, Ölabscheider, Torschließsysteme u. Gemeinschaftseinrichtungen, die Kosten der Dachrinnenreinigung u. -beheizung, Elektro-Check, Öltankreinigung, doorman/Concierge, Videoüberwachung, Fassadenreinigung, elektr. Anlagen, Bereitschaftsdienst, Beleuchtung, Abwasserreinigung, Allgemeinstrom, Brandschutz-, Wachschutzkosten.

Keine Haftung des Verlages für irrtümliche bzw. unrichtige Rechtsanwendung
Nachdruck, Abschrift, Kopieren und elektronische Speicherung auch auszugsweise verboten.

www.rnk-verlag.de

- Die Kosten der Treppenhausreinigung sind in den Betriebskosten ☐ enthalten ☐ nicht enthalten. Sofern die Kosten für die Treppenhausreinigung in den Betriebskosten nicht enthalten sind, ist der Mieter verpflichtet, die Treppe von seinem Podest abwärts bis zum nächsten Podest – im Erdgeschoss den Hausflur – regelmäßig und ordnungsgemäß, insbesondere in ausreichenden Abständen, unentgeltlich zu reinigen.

3. Soweit sich Betriebskosten erhöhen oder neu entstehen, darf der Vermieter die Erhöhung bzw. die neu entstandenen Betriebskosten nach den gesetzlichen Vorschriften anteilig umlegen.
   Die Vorschusszahlung ändert sich, wenn sich die Höhe der Betriebskosten nach der letzten Berechnung geändert hat.

4. Im Fall der Vereinbarung einer Betriebskostenpauschale ist der Vermieter gem. § 560 Abs. (1) BGB berechtigt, Erhöhungen der Betriebskosten durch Erklärung in Textform anteilig auf den Mieter umzulegen. Die Erklärung ist nur wirksam, wenn in ihr der Grund für die Umlage bezeichnet und erläutert wird.

5. Der Vermieter hat die Änderung dem Mieter mitzuteilen. Ein sich ergebender Saldo, auch soweit er auf der Abrechnung der Vorschüsse beruht, ist mit der nächsten Mietzahlung auszugleichen.

6. Die Betriebskosten werden, sofern sie nicht nach Verbrauch abzurechnen sind, nach dem Verhältnis der Mietfläche zur Gesamtfläche umgelegt. *Nur für Eigentumswohnungen:* handelt es sich um gemeinschaftlich verwaltetes Wohnungseigentum einer Wohnungseigentümergemeinschaft, ist der für den Vermieter in der Wohngeldabrechnung festgesetzte Umlageschlüssel (= Miteigentumsanteile) anzuwenden und gilt zwischen den Vertragsparteien jeweils als vereinbart.

7. Die *Schönheitsreparaturen* übernimmt der ☐ Vermieter ☐ Mieter auf eigene Kosten. Der Verpflichtete hat die Schönheitsreparaturen fachgerecht vorzunehmen.

8. Der Vermieter ist berechtigt, nach Maßgabe der gesetzlichen Bestimmungen die Zustimmung zur Erhöhung der Miete jeweils nach Ablauf eines Jahres zum Zweck der Anpassung an die geänderten wirtschaftlichen Verhältnisse auf dem Wohnungsmarkt zu verlangen.

§ 4 – Zahlung der Miete und der Nebenkosten

1. Die Miete und Nebenkosten sind monatlich im Voraus, spätestens am 3. Werktag des Monats, kostenfrei an den Vermieter zu zahlen.
   Hiervon abweichend ist die erste Miete jedoch spätestens bei Übergabe der Wohnung (Aushändigung der Schlüssel) zu zahlen.
   Für die Rechtzeitigkeit der Zahlung kommt es nicht auf die Absendung, sondern auf die Ankunft des Geldes an.

- ☐ Die Miete und Nebenkosten sind auf das Konto, Inhaber _____
  IBAN _____ BIC _____ zu zahlen.

- ☐ Miete und Nebenkosten werden im Lastschriftverfahren von einem vom Mieter zu benennenden Konto abgebucht. Der Mieter verpflichtet sich, dem Vermieter ein Lastschriftmandat zu erteilen. Dies gilt auch bei Kontoänderung.

2. Bei verspäteter Zahlung kann der Vermieter Mahnkosten in Höhe von EUR _____ je Mahnung, unbeschadet von Verzugszinsen, erheben. Bei Mahnkosten und Verzugszinsen handelt es sich um pauschalierten Schadensersatz. Der Mieter kann nachweisen, dass ein niedrigerer oder kein Schaden entstanden ist.

§ 5 – Sammelheizung und Warmwasserversorgung

1. Eine vorhandene Zentralheizungsanlage wird, soweit es die Außentemperatur erfordert, mindestens aber vom 1.10. bis zum 30.4. (Heizperiode) vom Vermieter in Betrieb gehalten. Eine Temperatur von mindestens 20 Grad Celsius in der Zeit von 7 bis 22 Uhr in den an die Sammelheizung angeschlossenen Wohnräumen gilt als Richtwert. Für Räume, die auf Wunsch des Mieters oder durch diesen mittels Umbaus oder Ausbaus geändert sind, kann eine Erwärmung auf 20 Grad Celsius nicht verlangt werden. Außerhalb der Heizperiode wird die Sammelheizung in Betrieb genommen, soweit es die Außentemperaturen erfordern. Dabei ist zu berücksichtigen, dass während der Sommermonate Instandhaltungs- und Wartungsarbeiten durchgeführt werden müssen.

2. Ist eine zentrale Warmwasserversorgungsanlage vorhanden, so ist vom Vermieter eine Durchschnitts-Temperatur des Wassers einzuhalten, die an den Zapfstellen 40 Grad Celsius nicht unterschreitet.

3. Vom Vermieter nicht zu vertretende Betriebsunterbrechungen der Heizungs- und Warmwasserversorgung berechtigen den Mieter nicht zu Schadensersatzansprüchen.

4. Die Betriebskosten der Heizung und Warmwasserversorgung sind in der vereinbarten Miete nicht enthalten. Sie werden vom Vermieter auf die angeschlossenen Wohnungen umgelegt. Zu den Betriebskosten gehören insbesondere die Kosten der Brennstoffe, für die Anfuhr der Brennstoffe, für elektr. Strom, für die Wartung und Reinigung der Anlage einschließlich des Schornsteins und für die technische Überwachung der Anlage. Ferner gehören zu den Betriebskosten die Kosten für die Bedienung der Anlage, des Betriebs und der Verwendung von Wärmezählern, Heizkostenverteilern, Warmwasserzählern und/oder Warmwasserkostenverteilern. Wenn der Vermieter die Anlage selbst bedient, so kann er hierfür einen angemessenen Betrag mit umlegen. Ist die Wohnung an eine Fernheizung angeschlossen, so sind auch die an die Fernheizungsgesellschaft zu zahlenden Beträge umlegbar. Bei einer vorhandenen zentralen Warmwasserversorgungsanlage rechnen auch die Kosten des Wasserverbrauchs zu den umlegbaren Betriebskosten.

5. Die Betriebskosten werden vom Vermieter entsprechend der Heizkostenverordnung umgelegt, d. h. nach Wohn- oder Nutzfläche oder nach dem umbauten Raum der beheizten Fläche und nach einem dem Energieverbrauch rechnungtragenden Maßstab. Werden Wärmezähler, Heizkostenverteiler, Warmwasserzähler und/oder Warmwasserkostenverteiler verwandt, so wird ein fester Anteil der Kosten nach dem Verbrauch aufgeteilt, nämlich _____ v. H.*)

6. Bei der Umlegung der Betriebskosten sind die Räume des Eigentümers und des Hauswartes und nicht vermietete Wohnungen, nicht aber die Flächen von gemeinschaftlich genutzten Räumen, wie das Treppenhaus, zu berücksichtigen.

- ☐ Die Wohnfläche, ☐ die Nutzfläche, ☐ der umbaute Raum der beheizten Fläche beträgt _____ m²/m³.

7. Für die Betriebskosten der zentralen Heizungs- und Warmwasserversorgung sind monatlich Vorauszahlungen, deren Höhe der Vermieter festsetzt, zu leisten, über die nach Schluss der Heizperiode abzurechnen ist.

8. Ist ein Durchlauferhitzer oder Boiler zur Warmwasserbereitung oder/und eine separate Etagenheizung in der Wohnung vorhanden, so trägt der Mieter gemäß Betriebskostenverordnung sämtliche Betriebs-, Wartungs- und Reinigungskosten. Die Wartung und Reinigung erfolgen jährlich.

9. Zieht der Mieter während eines laufenden Abrechnungszeitraums aus, hat er die Kosten der erforderlichen Zwischenablesung zu tragen.

§ 6 – Benutzung der Aufzugsanlagen

Der Mieter ist berechtigt, vorhandene Aufzugsanlagen mitzubenutzen. Der Mieter hat keinen Anspruch auf ununterbrochene Leistung bei Betriebsstörungen. Der Mieter verpflichtet sich, den Aufzugsbestimmungen Folge zu leisten. Betriebsstörungen sind dem Vermieter sofort mitzuteilen.

§ 7 – Zustand und Übergabe der Mieträume

1. Der Vermieter gewährt den Gebrauch der Mietsache in dem Zustand bei Übergabe.

2. Der Vermieter verpflichtet sich – vor Übergabe – spätestens jedoch bis zum _____
   folgende Arbeiten in den Mieträumen vorzunehmen: _____

3. Die verschuldensunabhängige Haftung des Vermieters für anfängliche Sachmängel (§ 536 a BGB) wird dem Vermieter vom Mieter erlassen.

4. Die Aushändigung der Wohnungsschlüssel und damit die Übergabe der Wohnung erfolgt, sofern nichts anderes schriftlich vereinbart wurde, bei Zahlung der ersten Miete.

*) gemäß Heizkosten-Verordnung.

§ 8 – Benutzung der Mieträume, Untervermietung, Tierhaltung

1. Der Mieter darf die Mieträume zu anderen als Wohnzwecken nur mit Zustimmung des Vermieters benutzen.

2. Untervermietung oder sonstige Gebrauchsüberlassung an Dritte darf nur mit Einwilligung des Vermieters erfolgen. Bei unbefugter Untervermietung kann der Vermieter verlangen, dass der Mieter binnen Monatsfrist das Untermietverhältnis kündigt. Geschieht dies nicht, so kann der Vermieter das Hauptmietverhältnis fristlos kündigen. Ist dem Vermieter die Einwilligung zur Untervermietung nur bei einer angemessenen Erhöhung der Miete zuzumuten, so kann er die Erlaubnis davon abhängig machen, dass der Mieter sich mit einer solchen Erhöhung einverstanden erklärt (§ 553, Abs. 2 BGB).

   Der Mieter haftet für alle Handlungen oder Unterlassungen des Untermieters oder desjenigen, dem er den Gebrauch der Mieträume überlassen hat.

3. Jede Änderung der Nutzung durch Dritte ist dem Vermieter sofort anzuzeigen.

4. Jede Tierhaltung, mit Ausnahme von Kleintieren, wie z. B. Zierfische, Ziervögel, Hamster, Schildkröten, bedarf der Zustimmung des Vermieters. Der Vermieter darf die Zustimmung nur verweigern oder widerrufen, wenn sein berechtigtes Interesse als Vermieter das berechtigte Interesse des Mieters an der Tierhaltung unter besonderer Berücksichtigung der Tierart, der Tiergröße, der Tierhaltung und der von dem Tier ausgehenden Gefahren und Belästigungen überwiegt. Der Mieter haftet für alle aufgrund der Tierhaltung entstehenden Schäden.

5. Das Abstellen, Aufbewahren, Lagern usw. jeglicher Sachen, sei es auch nur vorübergehend, außerhalb der in § 1 – 1. des Mietvertrages genannten Mieträume, ist untersagt.

§ 9 – Elektrizität, Gas, Wasser

1. Bei Störungen oder Schäden an den Versorgungsleitungen hat der Mieter für sofortige Abschaltung zu sorgen und ist verpflichtet, den Vermieter sofort zu benachrichtigen.

2. Wasser darf nur für den eigenen Bedarf entnommen werden. Eine Badeeinrichtung darf nicht zu kohlensäure-, eisen- oder schwefelhaltigen Bädern benutzt werden.

§ 10 – Erhaltungs- und Modernisierungsmaßnahmen des Vermieters

Der Mieter hat Erhaltungs- und Modernisierungsmaßnahmen zu dulden (§§ 555 a, 555 d BGB). Modernisierungsmaßnahmen sind dem Mieter spätestens drei Monate vor ihrem Beginn in Textform anzukündigen. Der Vermieter ist verpflichtet, in der Modernisierungsanzeige auf Form und Frist des Härteeinwandes nach § 555 d Abs. 3 BGB hinzuweisen.

§ 11 – Bauliche Änderungen durch den Mieter

1. Bauliche Veränderungen, Um- und Einbauten, insbesondere Änderungen der Installationen, Anbringung von Außenjalousien, Markisen und Blumenbrettern sowie die Errichtung und Änderung von Feuerstätten nebst Ofenrohren dürfen nur vorgenommen werden, wenn der Vermieter zuvor eingewilligt hat und eine etwa erforderliche bauaufsichtsamtliche Einwilligung erteilt worden ist, die der Mieter einzuholen hat. Kosten dürfen dem Vermieter nicht entstehen.

2. Der Mieter haftet für alle Schäden, die dem Vermieter oder Dritten aus Maßnahmen gem. Ziffer 1. entstehen, ohne dass es des Nachweises des Verschuldens bedarf.

§ 12 – Außenantenne – Kabelanschluss

1. Soweit für Fernsehen und Rundfunk keine Gemeinschaftsantenne oder kein Kabelanschluss vorhanden ist, darf der Mieter auf eigene Kosten eine Einzel-Außenantenne anbringen, wobei Art und Weise und Folgen in einem Antennenvertrag zu regeln sind.

2. Der Mieter erklärt sich schon jetzt bezüglich der Mietsache mit der Installation eines Kabelanschlusses bzw. einer Gemeinschaftsantenne oder einer Satellitenanlage einverstanden.

§ 13 – Instandhaltung der Mieträume

1. Zeigt sich ein Mangel der Mietsache oder droht eine Gefahr, so hat der Mieter dem Vermieter dies zur Vermeidung seiner Schadenersatzpflicht unverzüglich anzuzeigen.

2. Der Mieter hat die seinem unmittelbaren Zugriff unterliegenden Leitungen und Anlagen für Elektrizität und Gas, die sanitären Einrichtungen, Schlösser, Rollläden, Öfen, Herde, Heizkörper, Messeinrichtungen und ähnliche Einrichtungen so zu benutzen und zu bedienen, dass sie nicht beschädigt und nicht mehr als vertragsgemäß abgenutzt werden.

3. Ungezieferbefall hat der Mieter unverzüglich dem Vermieter anzuzeigen. Der Mieter hat die Kosten für die Beseitigung von Ungezieferbefall der Mietsache zu tragen, es sei denn, er hat den Ungezieferbefall nicht zu vertreten.

4. Der Mieter haftet dem Vermieter für Schäden, die durch Verletzung der ihm obliegenden Sorgfalts- und Anzeigepflicht entstehen, insbesondere auch, wenn Versorgungs- und Abflussleitungen, Toiletten-, Heizungsanlagen usw. unsachgemäß behandelt, die Räume unzureichend gelüftet, gereinigt oder bei entsprechenden Temperaturen unzureichend beheizt werden, um die Räume und die innerhalb der Mieträume liegenden Versorgungsleitungen gegen Frost zu schützen.

5. Der Mieter haftet für Schäden, die durch seine Angehörigen, Untermieter, Besucher, Lieferanten, Arbeitnehmer, Handwerker usw. verursacht worden sind.

6. Der Mieter hat zu beweisen, dass Schäden in seinem ausschließlichen Gefahrenbereich nicht auf seinem Verschulden oder auf dem Verschulden der Personen, für die er einzustehen hat, beruhen. Etwaige Ansprüche gegen schuldige Dritte tritt der Vermieter an den Mieter ab.

7. Die gemeinschaftlichen Einrichtungen werden vom Vermieter in einem ordnungsgemäßen Zustand gehalten. Schäden hieran, für die der Mieter haftet, darf der Vermieter nach vorheriger Unterrichtung des Mieters auf dessen Kosten beseitigen.

§ 14 – Pfandrecht des Vermieters - Sicherheitsleistung (Kaution)

1. Der Mieter erklärt, dass die beim Einzug eingebrachten Sachen sein freies Eigentum, nicht gepfändet und nicht verpfändet sind, mit Ausnahme folgender Gegenstände: _____

2. Der Mieter ist verpflichtet, den Vermieter sofort von einer etwaigen Pfändung eingebrachter Gegenstände unter Angabe des Gerichtsvollziehers und des pfändenden Gläubigers zu benachrichtigen.

3. Der Mieter leistet dem Vermieter **Sicherheit (Kaution)** für die Erfüllung seiner Verpflichtungen und/oder zur Befriedigung von Schadensersatzansprüchen in Höhe von EUR _____. Der Mieter kann die Sicherheit in drei gleichen monatlichen Raten zahlen. Die erste Rate ist bei Beginn des Mietverhältnisses (§ 551 BGB) fällig.

§ 15 – Betreten der Mieträume durch den Vermieter

1. Der Vermieter kann die Mieträume nach rechtzeitiger Ankündigung besichtigen, sei es zur Prüfung des Zustandes, zum Ablesen von Messgeräten oder aus anderen wichtigen Gründen.

   Bei dringender Gefahr ist ihm der Zutritt zu jeder Tages- und Nachtzeit gestattet.

2. Will der Vermieter das Grundstück verkaufen oder ist das Mietverhältnis gekündigt, so darf der Vermieter zusammen mit dem Miet- bzw. Kaufinteressenten die Räume in angemessenem Maß betreten.

3. Der Mieter hat sicherzustellen, dass der Vermieter sein Recht zur Besichtigung gemäß Ziffer 1. und 2. auch bei Abwesenheit des Mieters wahrnehmen kann.

§ 16 – Vorzeitige Beendigung der Mietzeit

Wird das Mietverhältnis durch den Vermieter aus wichtigem Grund gekündigt, so haftet der Mieter für den Schaden, der dem Vermieter dadurch entsteht, dass die Räume nach der Rückgabe leer stehen oder nur billiger vermietet werden können, und zwar bis zum Ablauf der vereinbarten Mietzeit, jedoch höchstens für ein Jahr nach der Rückgabe.

§ 17 – Rückgabe der Mietsache

Bei Beendigung des Mietverhältnisses sind die überlassenen Räume mit allen dazugehörigen Schlüsseln, auch selbst beschafften, in ordnungsgemäßem Zustand zu übergeben. Gibt der Mieter nicht alle Schlüssel zurück, ist er dem Vermieter gegenüber zum Ersatz des Schadens verpflichtet, der dadurch entsteht, dass der Vermieter Schlüssel beschaffen, Schlösser oder Schließanlagen ersetzen muss, es sei denn, der Mieter hat den Verlust nicht zu vertreten.

Hat der Mieter nach Beendigung des Mietverhältnisses seinen Besitz an der Wohnung erkennbar dauerhaft aufgegeben, kann der Vermieter die Mietsache auf Kosten des Mieters öffnen und räumen.

§ 18 – Mehrere Personen als Vermieter oder Mieter

Vermieter und/oder Mieter haften als Gesamtschuldner, sofern es sich um mehrere Personen handelt. Für die Wirksamkeit einer Erklärung des Vermieters genügt es, wenn sie gegenüber einem der Mieter abgegeben wird. Die Mieter gelten insoweit als gegenseitig bevollmächtigt.

§ 19 – HAUSORDNUNG

Anerkennung der Hausordnung

Der Mieter erkennt die Hausordnung an. Ein Verstoß gegen die Hausordnung ist ein vertragswidriger Gebrauch der Mietsache. In schwerwiegenden Fällen kann der Vermieter nach erfolgloser Abmahnung das Vertragsverhältnis ohne Einhaltung einer Kündigungsfrist kündigen. Für alle Schäden, die dem Vermieter durch Verletzung oder Nichtbeachtung der Hausordnung und durch Nichterfüllung der Meldepflichten entstehen, ist der Mieter ersatzpflichtig.

Allgemeine Ordnungsbestimmungen

Der Mieter hat von der Mietsache vertragsgemäß Gebrauch zu machen und sie bei Verschmutzung zu reinigen. Jede Ruhestörung, besonders durch Musizieren, Rundfunk- und Fernsehempfang, Benutzung von Tonwiedergabegeräten, Türenschlagen, Lärm im Treppenhaus ist zu vermeiden.

Abfälle dürfen nur in die entsprechende Müll- oder Recyclingtonne geschüttet werden. Daneben geschüttete Abfälle sind sofort zu beseitigen. Sperrige Gegenstände muss der Mieter auf eigene Kosten entsorgen bzw. durch die Sperrmüllabfuhr abholen lassen. Der Mieter hat seine Kinder ausreichend zu beaufsichtigen. Aus Fenstern, von Balkonen, auf Treppenfluren darf nichts ausgeschüttet, ausgegossen oder geworfen werden.

Es ist nicht gestattet, auf Höfen und in Durchfahrten Rad zu fahren, vor und auf dem Grundstück Tauben oder Möwen zu füttern.

Scharf- oder übelriechende, leicht entzündliche oder sonstige schädliche Dinge sind sachgemäß zu beseitigen.

Brennholz darf nicht innerhalb der Wohnung, sondern nur an den vom Vermieter bezeichneten Stellen zerkleinert werden.

Für Verkehr, Aufstellen und Lagern von Gegenständen auf und in den gemeinschaftlich genutzten Flächen und Räumen, insbesondere von Fahrzeugen, ist die Einwilligung des Vermieters und ggf. die behördliche Genehmigung einzuholen.

Es ist nicht gestattet, Mopeds, Motorräder und Motorroller in der Wohnung, in Nebenräumen, im Treppenhaus oder im Keller abzustellen.

Das Haus ist von 20 Uhr bis 6 Uhr zum Schutz der Hausbewohner geschlossen zu halten.

Sorgfaltspflichten des Mieters

Der Mieter ist verpflichtet:

Die Fußböden trocken zu halten und ordnungsgemäß zu behandeln, so dass keine Schäden entstehen. Das Entstehen von Druckstellen ist durch zweckentsprechende Untersätze zu vermeiden.

Die Gas-, Be- und Entwässerungsanlagen, die elektrische Anlage und sonstige Hauseinrichtungen nicht zu beschädigen, insbesondere Verstopfungen der Abwasserrohre zu verhindern sowie die Gasbrennstellen sauber zu halten und Störungen an diesen Einrichtungen dem Vermieter sofort zu melden.

Die Benutzung von Geschirrspülmaschinen, Waschmaschinen und Wäschetrocknern dann zu unterlassen, wenn zu befürchten ist, dass andere Mieter belästigt werden. Grundsätzlich dürfen nur funktionssichere Geräte benutzt werden, die fachgerecht und standortgerecht angeschlossen sind.

Türen und Fenster bei Unwetter oder Abwesenheit geschlossen zu halten. Energie und Wasser nicht zu vergeuden.

Balkone von Schnee zu räumen und Belastungen (z.B. durch Brennstoffe) zu unterlassen.

Kellerschächte und -fenster zu reinigen, soweit diese innerhalb des Mieterkellers liegen, die Fenster bei Nacht, Nässe oder Kälte zu schließen.

Die Vorschriften für die Bedienung von Aufzügen, Warmwasserbereitern, Feuerungsstellen usw. sorgfältig zu beachten.

Alle Zubehörteile und Schlüssel sorgfältig zu behandeln und aufzubewahren.

Die Zapfhähne zu schließen, besonders bei vorübergehender Wassersperre.

Während der Heizperiode hat der Mieter dafür zu sorgen, dass durch unterlassenes Heizen keine Frostschäden in der Wohnung auftreten; Türen und Fenster auch von unbeheizten Räumen sind gut verschlossen zu halten. Lüften ist auf das Notwendige zu beschränken.

Abwesenheit entbindet den Mieter nicht von ausreichenden Frostschutzmaßnahmen.

Brandschutzbestimmungen

Alle allgemeinen technischen und behördlichen Vorschriften, besonders auch die bau- und feuerpolizeilichen Bestimmungen (u.a. über die Lagerung von feuergefährlichen bzw. brennbaren Stoffen) sind einzuhalten.

Nicht gestattet ist offenes Licht und Rauchen auf dem Boden und im Keller. Das Lagern feuergefährlicher und leicht entzündlicher Stoffe wie Benzin, Spiritus, Öl, Packmaterial, Feuerwerkskörper usw. auf dem Boden und im Keller, ebenso das Aufbewahren von Möbeln, Matratzen, Textilien, Fotomaterial, Lacke auf dem Boden.

Größere Gegenstände sind so aufzustellen, dass die Räume zugänglich und übersichtlich bleiben.

Kleinere Gegenstände sind nur in Behältnissen (Kästen, Truhen, Koffern) aufzubewahren.

Der Mieter ist verpflichtet:

Die Feuerstätten in brandsicherem Zustand (auch frei von Asche und Ruß) zu halten.

Dem Schornsteinfeger das Reinigen der in den Mieträumen endenden Schornsteinrohre zu gestatten.

Änderungen an Feuerstätten und Abzugsrohren nur mit Einwilligung des Vermieters, der zuständigen Behörden bzw. des zuständigen Schornsteinfegermeisters vorzunehmen. An und unter den Feuerstellen den Fußboden ausreichend zu schützen.

Nur geeignete, zulässige Brennmaterialien zu verwenden und diese sachgemäß zu lagern.

Heiße Asche abzulöschen, bevor sie in die Mülltonnen geschüttet wird.

Bei Brand oder Explosion angemessene Gegenmaßnahmen einzuleiten und sofort den Vermieter zu verständigen.

Gas: Bei verdächtigem Geruch sofort Hauptabsperrhähne zu schließen und Installateur oder Gaswerke sowie den Vermieter zu benachrichtigen. Bei längerer Abwesenheit den Absperrhahn am Gaszähler zu schließen.

§ 20 – Weitere Vereinbarungen

1. Sollte eine Bestimmung dieser Vereinbarung ganz oder teilweise unwirksam sein oder ihre Rechtswirksamkeit später verlieren, so soll hierdurch die Gültigkeit der übrigen Bestimmungen nicht berührt werden. Anstelle der unwirksamen Bestimmung gelten die gesetzlichen Vorschriften.

   Änderungen dieses Vertrages einschließlich Vertragsanlagen, die Bestandteil dieses Vertrages sind, sollen von den Vertragsparteien schriftlich bestätigt werden.

2. Weitere Vereinbarungen (ggf. besonderes Blatt als Anlage benutzen, zusätzlich unterschreiben und einkleben.)

_____
_____
_____
_____

_____   _____
Ort / Datum   Mieter

_____   _____
Vermieter   Mieter

RNK Verlags-Nr. 599   *Mehr Verträge unter www.bestform24.de*   RNKVERLAG Stiftung & Co. KG   Kreuzstraße 67   38118 Braunschweig

§ 17 – Rückgabe der Mietsache

Bei Beendigung des Mietverhältnisses sind die überlassenen Räume mit allen dazugehörigen Schlüsseln, auch selbst beschafften, in ordnungsgemäßem Zustand zu übergeben. Gibt der Mieter nicht alle Schlüssel zurück, ist er dem Vermieter gegenüber zum Ersatz des Schadens verpflichtet, der dadurch entsteht, dass der Vermieter Schlüssel beschaffen, Schlösser oder Schließanlagen ersetzen muss, es sei denn, der Mieter hat den Verlust nicht zu vertreten.

Hat der Mieter nach Beendigung des Mietverhältnisses seinen Besitz an der Wohnung erkennbar dauerhaft aufgegeben, kann der Vermieter die Mietsache auf Kosten des Mieters öffnen und räumen.

§ 18 – Mehrere Personen als Vermieter oder Mieter

Vermieter und/oder Mieter haften als Gesamtschuldner, sofern es sich um mehrere Personen handelt. Für die Wirksamkeit einer Erklärung des Vermieters genügt es, wenn sie gegenüber einem der Mieter abgegeben wird. Die Mieter gelten insoweit als gegenseitig bevollmächtigt.

§ 19 – HAUSORDNUNG

Anerkennung der Hausordnung

Der Mieter erkennt die Hausordnung an. Ein Verstoß gegen die Hausordnung ist ein vertragswidriger Gebrauch der Mietsache. In schwerwiegenden Fällen kann der Vermieter nach erfolgloser Abmahnung das Vertragsverhältnis ohne Einhaltung einer Kündigungsfrist kündigen bzw. Für alle Schäden, die dem Vermieter durch Verletzung oder Nichtbeachtung der Hausordnung und durch Nichterfüllung der Meldepflichten entstehen, ist der Mieter ersatzpflichtig.

Allgemeine Ordnungsbestimmungen

Der Mieter hat von der Mietsache vertragsgemäß Gebrauch zu machen und sie bei Verschmutzung zu reinigen. Jede Ruhestörung, besonders durch Musizieren, Rundfunk- und Fernsehempfang, Benutzung von Tonwiedergabegeräten, Türenschlagen, Lärm im Treppenhaus ist zu vermeiden.

Abfälle dürfen nur in die entsprechende Müll- oder Recyclingtonne geschüttet werden. Daneben geschüttete Abfälle sind sofort zu beseitigen. Sperrige Gegenstände muss der Mieter auf eigene Kosten entsorgen bzw. durch die Sperrmüllabfuhr abholen lassen. Der Mieter hat seine Kinder ausreichend zu beaufsichtigen. Aus Fenstern, von Balkonen, auf Treppenfluren darf nichts ausgeschüttet, ausgegossen oder geworfen werden.

Es ist nicht gestattet, auf Höfen und in Durchfahrten Rad zu fahren, vor und auf dem Grundstück Tauben oder Möwen zu füttern.

Scharf- oder übelriechende, leicht entzündliche oder sonstige schädliche Dinge sind sachgemäß zu beseitigen.

Brennholz darf nicht innerhalb der Wohnung, sondern nur an den vom Vermieter bezeichneten Stellen verwahrt werden.

Für Verkehr, Aufstellen und Lagern von Gegenständen auf und in den gemeinschaftlich genutzten Flächen und Räumen, insbesondere von Fahrzeugen, ist die Einwilligung des Vermieters und ggf. die behördliche Genehmigung einzuholen.

Es ist nicht gestattet, Mopeds, Motorräder und Motorroller in der Wohnung, in Nebenräumen, im Treppenhaus oder im Keller abzustellen.

Das Haus ist von 20 Uhr bis 6 Uhr zum Schutz der Hausbewohner geschlossen zu halten.

Sorgfaltspflichten des Mieters

Der Mieter ist verpflichtet:

Die Fußböden trocken zu halten und ordnungsgemäß zu behandeln, so dass keine Schäden entstehen. Das Entstehen von Druckstellen ist durch zweckentsprechende Untersätze zu vermeiden.

Die Gas-, Be- und Entwässerungsanlagen, die elektrische Anlage und sonstige Hauseinrichtungen nicht zu beschädigen, insbesondere Verstopfungen der Abwasserrohre zu verhindern sowie die Gasbrennstellen sauber zu halten und Störungen an diesen Einrichtungen dem Vermieter sofort zu melden.

Die Benutzung von Geschirrspülmaschinen, Waschmaschinen und Wäschetrocknern dann zu unterlassen, wenn zu befürchten ist, dass andere Mieter belästigt werden. Grundsätzlich dürfen nur funktionssichere Geräte benutzt werden, die fachgerecht und standortgerecht angeschlossen sind.

Türen und Fenster bei Unwetter oder Abwesenheit geschlossen zu halten. Energie und Wasser nicht zu vergeuden.

Balkone von Schnee zu räumen und Belastungen (z. B. durch Brennstoffe) zu unterlassen.

Kellerschächte und -fenster zu reinigen, soweit diese innerhalb des Mieterkellers liegen, die Fenster bei Nacht, Nässe oder Kälte zu schließen.

Die Vorschriften für die Bedienung von Aufzügen, Warmwasserbereitern, Feuerungsstellen usw. sorgfältig zu beachten.

Alle Zubehörteile und Schlüssel sorgfältig zu behandeln und aufzubewahren.

Die Zapfhähne zu schließen, besonders bei vorübergehender Wassersperre.

Während der Heizperiode hat der Mieter dafür zu sorgen, dass durch unterlassenes Heizen keine Frostschäden in der Wohnung auftreten; Türen und Fenster auch von unbeheizten Räumen sind gut verschlossen zu halten. Lüften ist auf das Notwendige zu beschränken.

Abwesenheit entbindet den Mieter nicht von ausreichenden Frostschutzmaßnahmen.

Brandschutzbestimmungen

Alle allgemeinen technischen und behördlichen Vorschriften, besonders auch die bau- und feuerpolizeilichen Bestimmungen (u.a. über die Lagerung von feuergefährlichen bzw. brennbaren Stoffen) sind einzuhalten.

Nicht gestattet ist offenes Licht und Rauchen auf dem Boden und im Keller. Das Lagern feuergefährlicher und leicht entzündlicher Stoffe wie Benzin, Spiritus, Öl, Packmaterial, Feuerwerkskörper usw. auf dem Boden und im Keller, ebenso das Aufbewahren von Möbeln, Matratzen, Textilien, Fotomaterial, Lacke auf dem Boden.

Größere Gegenstände sind so aufzustellen, dass die Räume zugänglich und übersichtlich bleiben.

Kleinere Gegenstände sind nur in Behältnissen (Kästen, Truhen, Koffern) aufzubewahren.

Der Mieter ist verpflichtet:

Die Feuerstätten in brandsicherem Zustand (auch frei von Asche und Ruß) zu halten.

Dem Schornsteinfeger das Reinigen der in den Mieträumen endenden Schornsteinrohre zu gestatten.

Änderungen an Feuerstätten und Abzugsrohren nur mit Einwilligung des Vermieters, der zuständigen Behörden bzw. des zuständigen Schornsteinfegermeisters vorzunehmen. An und unter den Feuerstellen den Fußboden ausreichend zu schützen.

Nur geeignete, zulässige Brennmaterialien zu verwenden und diese sachgemäß zu lagern.

Heiße Asche abzulöschen, bevor sie in die Mülltonnen geschüttet wird.

Bei Brand oder Explosion angemessene Gegenmaßnahmen einzuleiten und sofort den Vermieter zu verständigen.

Gas: Bei verdächtigem Geruch sofort Hauptabsperrhähne zu schließen und Installateur oder Gaswerke sowie den Vermieter zu benachrichtigen.

Bei längerer Abwesenheit den Absperrhahn am Gaszähler zu schließen.

§ 20 – Weitere Vereinbarungen

1. Sollte eine Bestimmung dieser Vereinbarung ganz oder teilweise unwirksam sein oder ihre Rechtswirksamkeit später verlieren, so soll hierdurch die Gültigkeit der übrigen Bestimmungen nicht berührt werden. Anstelle der unwirksamen Bestimmung gelten die gesetzlichen Vorschriften.

   Änderungen dieses Vertrages einschließlich Vertragsanlagen, die Bestandteil dieses Vertrages sind, sollen von den Vertragsparteien schriftlich bestätigt werden.

● 2. Weitere Vereinbarungen (ggf. besonderes Blatt als Anlage benutzen, zusätzlich unterschreiben und einkleben.)

_____

_____

_____

_____

_____

_____   _____
Ort / Datum   Mieter

_____   _____
Vermieter   Mieter

RNK Verlags-Nr. **599**   _Mehr Verträge unter www.bestform24.de_   RNK VERLAG Stiftung & Co. KG Kreuzstraße 67 38118 Braunschweig

§ 8 – Benutzung der Mieträume, Untervermietung, Tierhaltung

1. Der Mieter darf die Mieträume zu anderen als Wohnzwecken nur mit Zustimmung des Vermieters benutzen.

2. Untervermietung oder sonstige Gebrauchsüberlassung an Dritte darf nur mit Einwilligung des Vermieters erfolgen. Bei unbefugter Untervermietung kann der Vermieter verlangen, dass der Mieter binnen Monatsfrist das Untermietverhältnis kündigt. Geschieht dies nicht, so kann der Vermieter das Hauptmietverhältnis fristlos kündigen. Ist dem Vermieter die Einwilligung zur Untervermietung nur bei einer angemessenen Erhöhung der Miete zuzumuten, so kann er die Erlaubnis davon abhängig machen, dass der Mieter sich mit einer solchen Erhöhung einverstanden erklärt (§ 553, Abs. 2 BGB).
   Der Mieter haftet für alle Handlungen oder Unterlassungen des Untermieters oder desjenigen, dem er den Gebrauch der Mieträume überlassen hat.

3. Jede Änderung der Nutzung durch Dritte ist dem Vermieter sofort anzuzeigen.

4. Jede Tierhaltung, mit Ausnahme von Kleintieren, wie z. B. Zierfische, Ziervögel, Hamster, Schildkröten, bedarf der Zustimmung des Vermieters. Der Vermieter darf die Zustimmung nur verweigern oder widerrufen, wenn sein berechtigtes Interesse als Vermieter das berechtigte Interesse des Mieters an der Tierhaltung unter besonderer Berücksichtigung der Tierart, der Tiergröße, der Tierhaltung und der von dem Tier ausgehenden Gefahren und Belästigungen überwiegt. Der Mieter haftet für alle aufgrund der Tierhaltung entstehenden Schäden.

5. Das Abstellen, Aufbewahren, Lagern usw. jeglicher Sachen, sei es auch nur vorübergehend, außerhalb der in § 1 – 1. des Mietvertrages genannten Mieträume, ist untersagt.

§ 9 – Elektrizität, Gas, Wasser

1. Bei Störungen oder Schäden an den Versorgungsleitungen hat der Mieter für sofortige Abschaltung zu sorgen und ist verpflichtet, den Vermieter sofort zu benachrichtigen.

2. Wasser darf nur für den eigenen Bedarf entnommen werden. Eine Badeeinrichtung darf nicht zu kohlensäure-, eisen- oder schwefelhaltigen Bädern benutzt werden.

§ 10 – Erhaltungs- und Modernisierungsmaßnahmen des Vermieters

Der Mieter hat Erhaltungs- und Modernisierungsmaßnahmen zu dulden (§§ 555 a, 555 d BGB). Modernisierungsmaßnahmen sind dem Mieter spätestens drei Monate vor ihrem Beginn in Textform anzukündigen. Der Vermieter ist verpflichtet, in der Modernisierungsanzeige auf Form und Frist des Härteeinwandes nach § 555 d Abs. 3 BGB hinzuweisen.

§ 11 – Bauliche Änderungen durch den Mieter

1. Bauliche Veränderungen, Um- und Einbauten, insbesondere Änderungen der Installationen, Anbringung von Außenjalousien, Markisen und Blumenbrettern sowie die Errichtung und Änderung von Feuerstätten nebst Ofenrohren dürfen nur vorgenommen werden, wenn der Vermieter zuvor eingewilligt hat und eine etwa erforderliche bauaufsichtsamtliche Einwilligung erteilt worden ist, die der Mieter einzuholen hat. Kosten dürfen dem Vermieter nicht entstehen.

2. Der Mieter haftet für alle Schäden, die dem Vermieter oder Dritten aus Maßnahmen gem. Ziffer 1. entstehen, ohne dass es des Nachweises des Verschuldens bedarf.

§ 12 – Außenantenne – Kabelanschluss

1. Soweit für Fernsehen und Rundfunk keine Gemeinschaftsantenne oder kein Kabelanschluss vorhanden ist, darf der Mieter auf eigene Kosten eine Einzel-Außenantenne anbringen, wobei Art und Weise und Folgen in einem Antennenvertrag zu regeln sind.

2. Der Mieter erklärt sich schon jetzt bezüglich der Mietsache mit der Installation eines Kabelanschlusses bzw. einer Gemeinschaftsantenne oder einer Satellitenanlage einverstanden.

§ 13 – Instandhaltung der Mieträume

1. Zeigt sich ein Mangel der Mietsache oder droht eine Gefahr, so hat der Mieter dem Vermieter dies zur Vermeidung seiner Schadenersatzpflicht unverzüglich anzuzeigen.

2. Der Mieter hat die seinem unmittelbaren Zugriff unterliegenden Leitungen und Anlagen für Elektrizität und Gas, die sanitären Einrichtungen, Schlösser, Rollläden, Öfen, Herde, Heizkörper, Messeinrichtungen und ähnliche Einrichtungen so zu benutzen und zu bedienen, dass sie nicht beschädigt und nicht mehr als vertragsgemäß abgenutzt werden.

3. Ungezieferbefall hat der Mieter unverzüglich dem Vermieter anzuzeigen. Der Mieter hat die Kosten für die Beseitigung von Ungezieferbefall der Mietsache zu tragen, es sei denn, er hat den Ungezieferbefall nicht zu vertreten.

4. Der Mieter haftet dem Vermieter für Schäden, die durch Verletzung der ihm obliegenden Sorgfalts- und Anzeigepflicht entstehen, insbesondere auch, wenn Versorgungs- und Abflussleitungen, Toiletten-, Heizungsanlagen usw. unsachgemäß behandelt, die Räume unzureichend gelüftet, gereinigt oder bei entsprechenden Temperaturen unzureichend beheizt werden, um die Räume und die innerhalb der Mieträume liegenden Versorgungsleitungen gegen Frost zu schützen.

5. Der Mieter haftet für Schäden, die durch seine Angehörigen, Untermieter, Besucher, Lieferanten, Arbeitnehmer, Handwerker usw. verursacht worden sind.

6. Der Mieter hat zu beweisen, dass Schäden in seinem ausschließlichen Gefahrenbereich nicht auf seinem Verschulden oder auf dem Verschulden der Personen, für die er einzustehen hat, beruhen. Etwaige Ansprüche gegen schuldige Dritte tritt der Vermieter an den Mieter ab.

7. Die gemeinschaftlichen Einrichtungen werden vom Vermieter in einem ordnungsgemäßen Zustand gehalten. Schäden hieran, für die der Mieter haftet, darf der Vermieter nach vorheriger Unterrichtung des Mieters auf dessen Kosten beseitigen.

§ 14 – Pfandrecht des Vermieters - Sicherheitsleistung (Kaution)

1. Der Mieter erklärt, dass die beim Einzug eingebrachten Sachen sein freies Eigentum, nicht gepfändet und nicht verpfändet sind,
   • mit Ausnahme folgender Gegenstände: _____
   _____

2. Der Mieter ist verpflichtet, den Vermieter sofort von einer etwaigen Pfändung eingebrachter Gegenstände unter Angabe des Gerichtsvollziehers und des pfändenden Gläubigers zu benachrichtigen.

3. Der Mieter leistet dem Vermieter **Sicherheit (Kaution)** für die Erfüllung seiner Verpflichtungen und/oder zur Befriedigung von
   • Schadensersatzansprüchen in Höhe von EUR _____. Der Mieter kann die Sicherheit in drei gleichen monatlichen Raten zahlen. Die erste Rate ist bei Beginn des Mietverhältnisses (§ 551 BGB) fällig.

§ 15 – Betreten der Mieträume durch den Vermieter

1. Der Vermieter kann die Mieträume nach rechtzeitiger Ankündigung besichtigen, sei es zur Prüfung des Zustandes, zum Ablesen von Messgeräten oder aus anderen wichtigen Gründen.
   Bei dringender Gefahr ist ihm der Zutritt zu jeder Tages- und Nachtzeit gestattet.

2. Will der Vermieter das Grundstück verkaufen oder ist das Mietverhältnis gekündigt, so darf der Vermieter zusammen mit dem Miet- bzw. Kaufinteressenten die Räume in angemessenem Maß betreten.

3. Der Mieter hat sicherzustellen, dass der Vermieter sein Recht zur Besichtigung gemäß Ziffer 1. und 2. auch bei Abwesenheit des Mieters wahrnehmen kann.

§ 16 – Vorzeitige Beendigung der Mietzeit

Wird das Mietverhältnis durch den Vermieter aus wichtigem Grund gekündigt, so haftet der Mieter für den Schaden, der dem Vermieter dadurch entsteht, dass die Räume nach der Rückgabe leer stehen oder nur billiger vermietet werden können, und zwar bis zum Ablauf der vereinbarten Mietzeit, jedoch höchstens für ein Jahr nach der Rückgabe.

- Die Kosten der Treppenhausreinigung sind in den Betriebskosten ☐ enthalten ☐ nicht enthalten. Sofern die Kosten für die Treppenhausreinigung in den Betriebskosten nicht enthalten sind, ist der Mieter verpflichtet, die Treppe von seinem Podest abwärts bis zum nächsten Podest – im Erdgeschoss den Hausflur – regelmäßig und ordnungsgemäß, insbesondere in ausreichenden Abständen, unentgeltlich zu reinigen.

3. Soweit sich Betriebskosten erhöhen oder neu entstehen, darf der Vermieter die Erhöhung bzw. die neu entstandenen Betriebskosten nach den gesetzlichen Vorschriften anteilig umlegen.
Die Vorschusszahlung ändert sich, wenn sich die Höhe der Betriebskosten nach der letzten Berechnung geändert hat.

4. Im Fall der Vereinbarung einer Betriebskostenpauschale ist der Vermieter gem. § 560 Abs. (1) BGB berechtigt, Erhöhungen der Betriebskosten durch Erklärung in Textform anteilig auf den Mieter umzulegen. Die Erklärung ist nur wirksam, wenn in ihr der Grund für die Umlage bezeichnet und erläutert wird.

5. Der Vermieter hat die Änderung dem Mieter mitzuteilen. Ein sich ergebender Saldo, auch soweit er auf der Abrechnung der Vorschüsse beruht, ist mit der nächsten Mietzahlung auszugleichen.

6. Die Betriebskosten werden, sofern sie nicht nach Verbrauch abzurechnen sind, nach dem Verhältnis der Mietfläche zur Gesamtfläche umgelegt. *Nur für Eigentumswohnungen:* handelt es sich um gemeinschaftlich verwaltetes Wohnungseigentum einer Wohnungseigentümergemeinschaft, ist der für den Vermieter in der Wohngeldabrechnung festgesetzte Umlageschlüssel (= Miteigentumsanteile) anzuwenden und gilt zwischen den Vertragsparteien jeweils als vereinbart.

- 7. Die *Schönheitsreparaturen* übernimmt der ☐ Vermieter ☐ Mieter auf eigene Kosten. Der Verpflichtete hat die Schönheitsreparaturen fachgerecht vorzunehmen.

8. Der Vermieter ist berechtigt, nach Maßgabe der gesetzlichen Bestimmungen die Zustimmung zur Erhöhung der Miete jeweils nach Ablauf eines Jahres zum Zweck der Anpassung an die geänderten wirtschaftlichen Verhältnisse auf dem Wohnungsmarkt zu verlangen.

§ 4 – Zahlung der Miete und der Nebenkosten

1. Die Miete und Nebenkosten sind monatlich im Voraus, spätestens am 3. Werktag des Monats, kostenfrei an den Vermieter zu zahlen.
Hiervon abweichend ist die erste Miete jedoch spätestens bei Übergabe der Wohnung (Aushändigung der Schlüssel) zu zahlen.

Für die Rechtzeitigkeit der Zahlung kommt es nicht auf die Absendung, sondern auf die Ankunft des Geldes an.

- ☐ Die Miete und Nebenkosten sind auf das Konto, Inhaber _____
IBAN _____ BIC _____ zu zahlen.

- ☐ Miete und Nebenkosten werden im Lastschriftverfahren von einem vom Mieter zu benennenden Konto abgebucht. Der Mieter verpflichtet sich, dem Vermieter ein Lastschriftmandat zu erteilen. Dies gilt auch bei Kontoänderung.

- 2. Bei verspäteter Zahlung kann der Vermieter Mahnkosten in Höhe von EUR _____ je Mahnung, unbeschadet von Verzugszinsen, erheben. Bei Mahnkosten und Verzugszinsen handelt es sich um pauschalierten Schadensersatz. Der Mieter kann nachweisen, dass ein niedrigerer oder kein Schaden entstanden ist.

§ 5 – Sammelheizung und Warmwasserversorgung

1. Eine vorhandene Zentralheizungsanlage wird, soweit es die Außentemperatur erfordert, mindestens aber vom 1.10. bis zum 30.4. (Heizperiode) vom Vermieter in Betrieb gehalten. Eine Temperatur von mindestens 20 Grad Celsius in der Zeit von 7 bis 22 Uhr in den an die Sammelheizung angeschlossenen Wohnräumen gilt als Richtwert. Für Räume, die auf Wunsch des Mieters oder durch diesen mittels Umbaus oder Ausbaus geändert wurden, kann eine Erwärmung auf 20 Grad Celsius nicht verlangt werden. Außerhalb der Heizperiode wird die Sammelheizung in Betrieb genommen, soweit es die Außentemperaturen erfordern. Dabei ist zu berücksichtigen, dass während der Sommermonate Instandhaltungs- und Wartungsarbeiten durchgeführt werden müssen.

2. Ist eine zentrale Warmwasserversorgungsanlage vorhanden, so ist vom Vermieter eine Durchschnitts-Temperatur des Wassers einzuhalten, die an den Zapfstellen 40 Grad Celsius nicht unterschreitet.

3. Vom Vermieter nicht zu vertretende Betriebsunterbrechungen der Heizungs- und Warmwasserversorgung berechtigen den Mieter nicht zu Schadensersatzansprüchen.

4. Die Betriebskosten der Heizung und Warmwasserversorgung sind in der vereinbarten Miete nicht enthalten. Sie werden vom Vermieter auf die angeschlossenen Wohnungen umgelegt. Zu den Betriebskosten gehören insbesondere die Kosten der Brennstoffe, für die Anfuhr der Brennstoffe, für elektr. Strom, für die Wartung und Reinigung der Anlage einschließlich des Schornsteins und für die technische Überwachung der Anlage. Ferner gehören zu den Betriebskosten die Kosten für die Bedienung der Anlage, des Betriebs und der Verwendung von Wärmezählern, Heizkostenverteilern, Warmwasserzählern und/oder Warmwasserkostenverteilern. Wenn der Vermieter die Anlage selbst bedient, so kann er hierfür einen angemessenen Betrag mit umlegen. Ist die Wohnung an eine Fernheizung angeschlossen, so sind auch die an die Fernheizungsgesellschaft zu zahlenden Beträge umlegbar. Bei einer vorhandenen zentralen Warmwasserversorgungsanlage rechnen auch die Kosten des Wasserverbrauchs zu den umlegbaren Betriebskosten.

5. Die Betriebskosten werden vom Vermieter entsprechend der Heizkostenverordnung umgelegt, d. h. nach Wohn- oder Nutzfläche oder nach dem umbauten Raum der beheizten Fläche und nach einem dem Energieverbrauch rechnungtragenden Maßstab. Werden Wärmezähler, Heizkostenverteiler, Warmwasserzähler und/oder Warmwasserkostenverteiler verwandt, so wird ein fester
- Anteil der Kosten nach dem Verbrauch aufgeteilt, nämlich _____ v. H.*)

6. Bei der Umlegung der Betriebskosten sind die Räume des Eigentümers und des Hauswartes und nicht vermietete Wohnungen, nicht aber die Flächen von gemeinschaftlich genutzten Räumen, wie das Treppenhaus, zu berücksichtigen.

- ☐ Die Wohnfläche, ☐ die Nutzfläche, ☐ der umbaute Raum der beheizten Fläche beträgt _____ m²/m³.

7. Für die Betriebskosten der zentralen Heizungs- und Warmwasserversorgung sind monatlich Vorauszahlungen, deren Höhe der Vermieter festsetzt, zu leisten, über die nach Schluss der Heizperiode abzurechnen ist.

8. Ist ein Durchlauferhitzer oder Boiler zur Warmwasserbereitung oder/und eine separate Etagenheizung in der Wohnung vorhanden, so trägt der Mieter gemäß Betriebskostenverordnung sämtliche Betriebs-, Wartungs- und Reinigungskosten. Die Wartung und Reinigung erfolgen jährlich.

9. Zieht der Mieter während eines laufenden Abrechnungszeitraums aus, hat er die Kosten der erforderlichen Zwischenablesung zu tragen.

§ 6 – Benutzung der Aufzugsanlagen

Der Mieter ist berechtigt, vorhandene Aufzugsanlagen mitzubenutzen. Der Mieter hat keinen Anspruch auf ununterbrochene Leistung bei Betriebsstörungen. Der Mieter verpflichtet sich, den Aufzugsbestimmungen Folge zu leisten. Betriebsstörungen sind dem Vermieter sofort mitzuteilen.

§ 7 – Zustand und Übergabe der Mieträume

1. Der Vermieter gewährt den Gebrauch der Mietsache in dem Zustand bei Übergabe.

- 2. Der Vermieter verpflichtet sich – vor Übergabe – spätestens jedoch bis zum _____
folgende Arbeiten in den Mieträumen vorzunehmen: _____
_____

3. Die verschuldensunabhängige Haftung des Vermieters für anfängliche Sachmängel (§ 536 a BGB) wird dem Vermieter vom Mieter erlassen.

4. Die Aushändigung der Wohnungsschlüssel und damit die Übergabe der Wohnung erfolgt, sofern nichts anderes schriftlich vereinbart wurde, bei Zahlung der ersten Miete.

*) gemäß Heizkosten-Verordnung.

Wohnungs-Einheitsmietvertrag

(● Punkte am Rand weisen darauf hin, dass eine zusätzliche Eintragung oder eine Streichung vorzunehmen ist.)

Unter Mieter und Vermieter werden die Vertragsparteien auch dann verstanden, wenn sie aus mehreren Personen bestehen. Alle im Vertrag genannten Personen haben den Mietvertrag eigenhändig zu unterschreiben. Nichtzutreffende Teile des Mietvertrages sind durchzustreichen, Zutreffendes ist anzukreuzen, freie Stellen sind auszufüllen oder durchzustreichen.

● Zwischen _____

_____ **als Vermieter,**

● vertreten durch _____

● und _____

● _____ **, als Mieter,**

wird folgender Mietvertrag geschlossen:

§ 1 – Mieträume

● 1. Vermietet werden im Haus (Anschrift) _____

● folgende Räume: _____Zimmer, _____Kammer, _____Küche, _____Korridor/Diele, _____Bad, _____Toilette, _____Toilette mit

● Bad/Dusche, _____Balkon, _____Kellerraum _____Nr. _____, _____Bodenraum _____Nr. _____, _____

● zur Benutzung als Wohnung _____ Wohnfläche: ca. _____ m².
  Diese Angabe dient wegen möglicher Messfehler nicht zur Festlegung des Mietgegenstandes. Der räumliche Umfang der gemieteten Sache ergibt sich vielmehr aus der Angabe der vermieteten Räume.
  Die nachstehend aufgeführten Einrichtungen dürfen nach Maßgabe der Benutzungsordnung mitbenutzt werden: (z.B. Waschanlage, Fahrzeugeinstellplatz usw.)

● 2. Der Vermieter verpflichtet sich, dem Mieter bei Übergabe der Mieträume folgende Schlüssel auszuhändigen: _____ Haus-,

● _____ Wohnungs-, _____ Zimmer-, _____ Boden-, _____ Keller-, _____ Aufzug-, _____ Garagen-, _____ Hausbriefkasten-, _____ Schlüssel.
  Die Beschaffung weiterer Schlüssel durch den Mieter bedarf der Einwilligung des Vermieters.

3. Die Mieträume dürfen vom Mieter nur zu Wohnzwecken genutzt werden. Die Gesamtzahl der Personen, die die Wohnung be-

● ziehen werden – bewohnen – beträgt _____ . – Der Mieter ist verpflichtet, seiner gesetzlichen Meldepflicht nachzukommen.

Die Anbringung von Schildern, Werbung, Automaten und dergleichen außerhalb der Mieträume bedarf der vorherigen schriftlichen Einwilligung des Vermieters.

§ 2 – Mietzeit und ordentliche Kündigung

● 1. ☐ Das Mietverhältnis beginnt am _____, es läuft auf **unbestimmte Zeit.**

● ☐ Die Wohnung ist nur zum **vorübergehenden Gebrauch** durch den Mieter gemietet, nämlich wegen _____

● Das Mietverhältnis kann aus diesem Grund bis zum 3. Werktag jeden Monats zum Schluss dieses Monats s c h r i f t l i c h gekündigt werden.

2. Ist die Wohnung nicht zum vorübergehenden Gebrauch gemietet, beträgt die Kündigungsfrist für den Mieter 3 Monate, für den Vermieter 3 Monate, wenn seit der Überlassung des Wohnraums weniger als 5 Jahre vergangen sind, 6 Monate, wenn seit der Überlassung des Wohnraums 5 Jahre vergangen sind, 9 Monate, wenn seit der Überlassung des Wohnraums 8 Jahre vergangen sind, jeweils zum Ende eines Kalendermonats.
Die Kündigung muss s c h r i f t l i c h bis zum dritten Werktag des ersten Monats der Kündigung erfolgen, durch den Vermieter unter Angabe sämtlicher Kündigungsgründe und unter Hinweis auf das binnen einer Frist von 2 Monaten vor Beendigung des Mietverhältnisses schriftlich auszuübende Widerspruchsrecht. Für die Rechtzeitigkeit ist der Zugang der Kündigung maßgeblich.

§ 3 – Miete, Nebenkosten, Schönheitsreparaturen

EUR

● 1. ☐ Die **Brutto-Kaltmiete** (einschließlich Betriebskosten, ausschließlich Heizung und Warmwasser) beträgt _____

● ☐ Die **Netto-Kaltmiete** (ausschließlich Betriebskosten, Heizung und Warmwasser) beträgt _____

● Neben der Miete sind monatlich zu entrichten für:

☐ Betriebskostenvorschuss für Betriebskosten gemäß Ziffer 2. _____ zzt. _____

☐ Betriebskostenpauschale für Betriebskosten gemäß Ziffer 2. _____ zzt. _____

Heizkostenvorschuss gemäß § 5 _____ zzt. _____

zzt. _____

Insgesamt sind zzt. monatlich zu zahlen:

2. Die **Betriebskosten** gemäß Betriebskostenverordnung in der jeweils geltenden Fassung,

● ☐ ermittelt aufgrund der letzten Berechnung des Vermieters vom _____,

● ☐ sind in der gem. Ziffer 1. vereinbarten Brutto-Kaltmiete ausschließlich Heizung und Warmwasser anteilig **enthalten.**

● ☐ sind in der gem. Ziffer 1. vereinbarten Netto-Kaltmiete **nicht enthalten.**

Die Betriebskosten, insbesondere wie nachfolgend spezifiziert, sind als Vorschuss vom Mieter an den Vermieter zu zahlen. Die Abrechnung mit dem Mieter erfolgt jährlich. Die nachfolgende Spezifikation gilt auch bei Vereinbarung einer Betriebskostenpauschale. Die Umlegung der Kosten für Sammelheizung und Warmwasserversorgung ist in § 5 dieses Vertrages vereinbart.

1) Die laufenden öffentlichen Lasten des Grundstücks, insbesondere die Grundsteuer,
Die Kosten:
2) der Wasserversorgung,
3) der Entwässerung,
4) des Betriebs des Personen- oder Lastenaufzugs,
5) der Straßenreinigung und Müllbeseitigung sowie der Schnee- und Eisbeseitigung,
6) der Gebäudereinigung und Ungezieferbekämpfung,
7) der Gartenpflege,
8) der Beleuchtung,
9) der Schornsteinreinigung,
10) der Sach- und Haftpflichtversicherung,
11) für den Hauswart,
12) des Betriebs der Einrichtungen für die Wäschepflege,
13) des Betriebs der Gemeinschafts-Antennenanlage oder der mit einem Breitbandkabelnetz verbundenen privaten Verteilanlage,
14) Umlageausfallwagnis (nur bei öffentl. gefördertem Wohnraum),
15) sonstige Betriebskosten: Wartung u. Prüfung der Lüftungsanlagen, Feuerlöschgeräte, Blitzschutzanlagen, Notstromaggregate, RWA-Anlagen, Klimaanlagen, Rückstausicherungen, Rauchmelder, Brandmeldeanlagen, Sprinkler- bzw. Sprühwasserlöschanlagen, Trockensteigleitungen, Gasleitungen, Pumpenanlagen, automatischen Rollläden, Alarmanlagen, CO_2-Warnanlagen, Ölabscheider, Torschließsysteme u. Gemeinschaftseinrichtungen, die Kosten der Dachrinnenreinigung u. -beheizung, Elektro-Check, Öltankreinigung, doorman/Concierge, Videoüberwachung, Fassadenreinigung, elektr. Anlagen, Bereitschaftsdienst, Beleuchtung, Abwasserreinigung, Allgemeinstrom, Brandschutz-, Wachschutzkosten.

RNK Verlags-Nr. **599**
Keine Haftung des Verlages für irrtümliche bzw. unrichtige Rechtsanwendung
Nachdruck, Abschrift, Kopieren und elektronische Speicherung auch auszugsweise verboten.
4.15 / 192

Voraussetzungen für eine wirksame Mieterhöhung	Voraussetzung für eine **wirksame** Erhöhung ist, dass die Miete bei Eintritt der Erhöhung mindestens **15 Monate unverändert** war. Mieterhöhungen wegen Modernisierungsmaßnahmen oder Betriebskostenanpassungen sind dabei nicht zu berücksichtigen. Der Vermieter kann und darf das Mieterhöhungsverlangen frühestens ein Jahr nach der letzten Mieterhöhung (sog. **Wartefrist**) und nach Ablauf einer sog. **Überlegungsfrist**, die der Mieter bis **zum Ablauf des zweiten Monats** nach Zugang des Erhöhungsverlangens hat, erhöhen.

> **Beispiel:** *Das Mieterhöhungsverlangen geht dem Mieter im Mai 2015 zu. Stimmt der Mieter dem Erhöhungsverlangen zu, schuldet er die geänderte Miete mit Beginn des 1. August 2015. Dabei ist unerheblich, ob das Mieterhöhungsverlangen ihm am 1. Mai oder am 31. Mai zugeht (Ausnahme: Es darf sich nicht um einen Sonntag handeln und das Schreiben muss zu den üblichen Geschäftszeiten (bis 16:00 Uhr) beim Mieter eingehen, so dass mit einer Kenntnisnahme gerechnet werden kann.)*

Klagemöglichkeit des Vermieters	Stimmt der Mieter bis zum Ablauf der Überlegungsfrist (hier: 31. Juli 2015) dem Erhöhungsverlangen **nicht** zu, kann der Vermieter auf Erteilung der Zustimmung klagen.

> **Beispiel:** *Die Frist für die Erhebung der Zustimmungsklage läuft nach drei Monaten, also mit dem 31. Oktober 2015, ab. Macht der Vermieter von seinem Klagerecht keinen Gebrauch, wird die Mieterhöhungserklärung unwirksam (sog. Ausschlussfrist, s.o.)!*

Kappungsgrenze	Schließlich darf sich die Miete innerhalb von drei Jahren um nicht mehr als 20 % erhöhen (sog. **Kappungsgrenze**). Bei Berechnung der Kappungsgrenze spielen Mieterhöhungen wegen Modernisierungsmaßnahmen oder Betriebskostenanpassungen keine Rolle. Durch das Mietrechtsänderungsgesetz ist der Landesgesetzgeber ab dem 1.5.2013 ermächtigt worden, durch eine Rechtsverordnung für die Dauer von jeweils höchstens fünf Jahren für bestimmte Gebiete die Kappungsgrenze auf 15 % herabzusetzen, wenn die ausreichende Versorgung der Bevölkerung mit Mietwohnungen zu angemessenen Bedingungen gefährdet ist. Solche Milieuschutzvorschriften sollen der Gentrifizierung entgegenwirken. Viele Länder haben hiervon für bestimmte Gemeinden bereits Gebrauch gemacht. Insbesondere gilt die reduzierte Kappungsgrenze in Ballungszentren wie Berlin, München, Hamburg, Frankfurt am Main und Köln.
Teilzustimmung des Mieters	Teilzustimmungen des Mieters (im Rahmen eines Mieterhöhungsverlangens bis zur ortsüblichen Vergleichsmiete) sind zu berücksichtigen. Der Mieter schuldet dann die insoweit akzeptierte Miete.

Bei dem Ausspruch eines Mieterhöhungsverlangens sind – je nach Begründungsmittel – strenge Vorgaben zu beachten, die den Rahmen dieses Skripts sprengen würden. Unabhängig davon ist es ratsam, fachkundigen Rechtsrat einzuholen, um Formfehler zu vermeiden: Ist ein Erhöhungsverlangen formell unwirksam, verstreicht aufgrund der Überlegungsfristen wertvolle Zeit, innerhalb derer bereits eine höhere Miete hätte vereinnahmt werden können. Im Idealfall ist das

Mieterhöhungsverlangen von einem Rechtsanwalt prüfen zu lassen, der dann die Zustimmung des Mieters auch vor Gericht durchsetzt.

Sonderkündi-gungsrecht des Mieters

Begehrt der Vermieter eine Mieterhöhung, steht dem Mieter ein **Sonderkündigungsrecht** zu, das spätestens bis zum Ablauf der Überlegungsfrist (= wenigstens 2 Monate nach Zugang, s.o.) ausgeübt werden muss. Die Kündigung wirkt allerdings erst nach Ablauf der Überlegungsfrist zum Ablauf des übernächsten Monats, ist also länger als die gesetzliche Frist von 3 Monaten.

> **Beispiel:** *Der Mieter bekommt im Mai 2015 ein Mieterhöhungsverlangen zugestellt. Die Miete wird ihm zu hoch und er möchte kündigen. Das Sonderkündigungsrecht wegen der Mieterhöhung muss er bis spätestens 31. Juli 2015 ausgeübt haben. Die Kündigung wirkt dann zum 30. September 2015.*

Allerdings kann sich der Mieter nun aus einem längerfristigen Vertrag lösen. Kündigt der Mieter unter Berufung auf sein Sonderkündigungsrecht, schuldet er die **Mieterhöhung** nicht.

c) Sonderfall: Modernisierungserhöhung

Modernisierungs-maßnahmen

Zusätzlich zu der Möglichkeit einer Mieterhöhung bis zur ortsüblichen Vergleichsmiete kann der Vermieter die Miete nach Durchführung von **Modernisierungsmaßnahmen** (einseitig) um jährlich 11 % der für die Wohnung aufgewandten Kosten erhöhen. Unter einer Modernisierung versteht man nach neuer Rechtslage solche baulichen Veränderungen,

1. durch die in Bezug auf die Mietsache Endenergie nachhaltig eingespart wird (energetische Modernisierung),

2. durch die nicht erneuerbare Primärenergie nachhaltig eingespart oder das Klima nachhaltig geschützt wird, sofern nicht bereits eine energetische Modernisierung nach Nummer 1 vorliegt,

3. durch die der Wasserverbrauch nachhaltig reduziert wird,

4. durch die der Gebrauchswert der Mietsache nachhaltig erhöht wird,

5. durch die die allgemeinen Wohnverhältnisse auf Dauer verbessert werden,

6. die auf Grund von Umständen durchgeführt werden, die der Vermieter nicht zu vertreten hat, und die keine Erhaltungsmaßnahmen sind, oder

7. durch die neuer Wohnraum geschaffen wird.

> **Beispiel:** *Das Gebäude wird mit einer neuen Dämmung versehen. Die Gesamtkosten betragen 50.000 €. Die auf die Wohnung entfallenden Kosten belaufen sich auf 6.000 €.* **Berechnung:** *11 % von 6.000 € = 660 €. Dieser Betrag wäre der jährliche Erhöhungsbetrag, so dass dieser Betrag durch 12 Monate zu teilen ist: 660 € / 12 =* **55 €.**
>
> *Die Miete erhöht sich demnach um 55 € im Monat.*

Schriftform Die **Modernisierungsmieterhöhung** ist dem Mieter in **Textform** (muss also nicht unterschrieben sein, E-Mail reicht) zu erklären. Die Erklärung ist nur wirksam, wenn die Art und der voraussichtliche Umfang der Modernisierungsmaßnahme in wesentlichen Zügen, der voraussichtliche Beginn und die voraussichtliche Dauer der Modernisierungsmaßnahme, der Betrag der zu erwartenden Mieterhöhung, sofern eine Erhöhung verlangt werden soll, sowie die voraussichtlichen künftigen Betriebskosten angegeben werden. Zudem soll die Modernisierungsankündigung den Hinweis auf die Form und Frist des Härteeinwandes wegen tatsächlicher oder finanzieller Unzumutbarkeit hinweisen.

Ab wann gilt die Mieterhöhung? Der Mieter schuldet die erhöhte Miete dann **mit Beginn des dritten Monats nach dem Zugang** der Erklärung. Die Frist **verlängert** sich um sechs Monate, wenn der Vermieter dem Mieter die zu erwartende Erhöhung der Miete **nicht vor** Durchführung der Modernisierung mitgeteilt hat oder wenn die tatsächliche Mieterhöhung mehr als 10 % höher ist als die mitgeteilte.

Bagatellmaßnahmen Die Einzelheiten einer Modernisierung im Allgemeinen und der sich daran anschließenden Modernisierungsmieterhöhung füllen ganze Lehrbücher und sind zu kompliziert, um sie hier darzustellen. Daran hat sich auch nach der Mietrechtsreform nichts geändert. Kein Vermieter sollte – abgesehen von **Bagatellmaßnahmen** (wie etwa der Umrüstung eines Kabelanschlusses) – Modernisierungsmaßnahmen ohne anwaltlichen Rat durchführen.

 Suchen Sie einen Rechtsanwalt auf, wenn Sie umfangreiche Modernisierungsarbeiten planen. Auch die **Ankündigung** von Modernisierungsmaßnahmen, die wegen der Duldungspflicht des Mieters notwendig ist, sollte nur mit Hilfe eines Rechtsanwalts vorgenommen werden.

Sonderkündigungsrecht des Mieters Nach Ausspruch einer Modernisierungsmieterhöhung steht dem Mieter ein Sonderkündigungsrecht zu. Die Fristen und Wirkungen des Sonderkündigungsrechts sind die gleichen wie bei einer Mieterhöhung bis zur ortsüblichen Vergleichsmiete, weshalb auf die dortigen Ausführungen (siehe oben S. 30) verwiesen wird.

d) Erhöhung der Betriebskostenvorauszahlungen und Betriebskostenpauschale

Erhöhung der Betriebskostenvorauszahlungen/-pauschale Schließlich besteht die Möglichkeit, die **Betriebskostenvorauszahlungen** oder die **Betriebskostenpauschale** zu erhöhen, letztere nur sofern ein entsprechender Vorbehalt im Mietvertrag existiert, vgl. § 3 Ziff. 4 des Mustermietvertrages und oben S. 20.

e) Kaution

Sicherheitsleistung Die Vertragsparteien können vereinbaren, dass der Mieter zur Sicherung der Ansprüche des Vermieters eine Sicherheitsleistung (**Kaution**) leistet. Näheres siehe auf S. 45 bei § 14 des Wohnungs-Einheitmietvertrages.

zu § 4 – Zahlung der Miete und der Nebenkosten (Wohnungs-Einheitsmietvertrag)/
zu § 4 – Zahlung der Miete und der Nebenkosten (Vertrag für die Vermietung eines Hauses)

1. Fälligkeit

Im Voraus Die **Fälligkeit der Miete** ist gesetzlich geregelt (vorschüssig spätestens bis zum 3. Werktag des Monats). Gleichwohl soll der Mieter wissen, wann er seine Miete zu leisten hat, da ihm die gesetzliche Regelung nicht bekannt sein könnte.

2. Rechtzeitigkeitsklausel

Rechtzeitigkeit der Mietzahlung Von der Fälligkeitsklausel zu unterscheiden ist die im Mietvertrag erwähnte **Rechtzeitigkeitsklausel** (Ziff. 1), die das Verzögerungsrisiko des Geldverkehrs auf den Mieter verlagert. Ob der Mieter im Zahlungsverzug ist, bestimmt sich allein danach, wann das Geld beim Vermieter eingeht, sodass dieser auch bessere Kontrollrechte hat.

Tipp: *Für beide Vertragsparteien empfiehlt sich, die Miete durch den Vermieter per* **Lastschrift** *einzuziehen. Weist das Konto des Mieters keine notwendige Deckung auf oder wird die Zahlung vom Mieter zurückgebucht, kann der Vermieter* **Rücklastkosten** *im Wege des Schadensersatzes geltend machen.*

3. Verspätete Zahlung

a) Mahnkosten

Mahnkosten Bei verspäteter Zahlung kann der Vermieter **Mahnkosten** geltend machen. Die Mahnkosten müssen angemessen sein. Es empfiehlt sich pauschal ein Betrag von 5 €. Ein höherer Betrag kommt nur in Betracht, wenn das Verfassen der Mahnung, das Kuvertieren, Porto und die Beförderung zum Briefkasten (generell) ungewöhnlich hohen Aufwand erfordern.

b) Zahlungsverzug

Verzugszinsen Der Mieter gerät automatisch mit Ablauf des dritten Werktages in **Zahlungsverzug**. Einer zusätzlichen Mahnung bedarf es nicht. Die jeweils fällige Mietforderung ist dann mit dem gesetzlichen Verzugszinssatz zu verzinsen, namentlich 5 % p.a. über dem jeweiligen Basiszinssatz. Der Basiszinssatz wird von der Europäischen Zentralbank jeweils zum 1.1. und 1.7. eines jeden Jahres festgelegt und liegt seit dem 1.1.2015 bei -0,83 %, sodass sich ein Verzugszinssatz von derzeit 4,17 % ergibt. Die pauschalierten Mahnkosten bleiben davon unberührt.

Beispiel: *Die Miete beträgt 500 €. Der Mieter zahlt seine Miete erst am 20. des Monats. Wenn der Monatsdritte ein Mittwoch war, kommt der Mieter am folgenden Tag in Zahlungsverzug. Die Miete ist dann für 16 Tage in Höhe von 4,17 % (= Basiszinssatz -0,83 % + 5 % Verzugszinsen) zu verzinsen, also mit 0,96 € (0,06 €/pro Tag x 16 Tage = 0,96 €).*

c) Kündigungsmöglichkeit

Zahlungsverzug

Die Frage des Zahlungsverzuges für die **Kündigungsmöglichkeit** des Vermieters ist von maßgeblicher Bedeutung. Erfüllt der Mieter seine Zahlungsverpflichtung nicht vertragsgerecht, kann der Vermieter wie folgt vorgehen:

außerordentliche fristlose Kündigung

Der Vermieter kann das Mietverhältnis **außerordentlich fristlos kündigen**, wenn der Mieter

– für **zwei aufeinanderfolgende** Termine mit einem nicht unerheblichen Teil der Miete (hierfür reicht 0,01 € mehr als **eine** Monatsmiete!) in Verzug ist,

oder

– in einem **Zeitraum**, der sich **über mehr als zwei Termine** erstreckt (aber nicht notwendigerweise aufeinanderfolgend wie bei der ersten Alternative), in Höhe eines Betrages in Verzug ist, der die Miete für **zwei** Monate erreicht.

Beispiel: *Die vereinbarte Miete beträgt 500 €. Der Mieter zahlt die Miete für den Monat Januar 2015 lediglich in Höhe von 450 €. Im Februar 2015 zahlt er keine Miete. Der Vermieter kann am 4. Werktag des Monats Februar 2015 die fristlose Kündigung aussprechen, da der Mieter in **zwei aufeinanderfolgenden Monaten** in Höhe von mehr als einer Monatsmiete im Rückstand ist. Zahlt der Mieter dagegen den Monat Februar 2015 in voller Höhe, aber den März 2015 nicht, ist der Vermieter nicht berechtigt, fristlos zu kündigen, da der Rückstand dann nicht in zwei **aufeinanderfolgenden** Monaten auftritt. In einem solchen Fall bleibt nur die Möglichkeit, den Mietvertrag fristlos zu kündigen, wenn der Rückstand insgesamt die Höhe von 2 Mieten erreicht. Dann ist der Zeitraum egal.*

Vorsicht: *Mindert der Mieter die Miete, befindet er sich nicht im Zahlungsverzug, da die Miete nach dem Gesetz automatisch gemindert ist (siehe oben S. 10).*

 Kontaktieren Sie einen Rechtsanwalt, wenn Sie meinen, dass der Mieter zu Unrecht mindert.

Nach neuer Rechtslage steht dem Vermieter auch ein gesetzlich festgelegtes **fristloses Kündigungsrecht** zu, wenn der Mieter mit der Zahlung der Kaution (siehe hierzu auch S. 31) in Höhe eines Betrages im Verzug ist, der der zweifachen Monatsmiete entspricht. Die als Pauschale oder als Vorauszahlung ausgewiesenen Betriebskosten sind bei der Berechnung der Monatsmiete nach Satz 1 nicht zu berücksichtigen. Entscheidend ist also die Nettokaltmiete. Anders als nach alter Rechtslage kommt dem Mieter in einem solchen Fall auch die gesetzliche Heilungsmöglichkeit zugute. Er kann also die fristlose Kündigung unwirksam machen, wenn er den fehlenden Kautionsbetrag innerhalb von 2 Monaten nach Rechtshängigkeit der Räumungsklage (= Erhalt der Klage) zahlt.

Begründungs-
pflicht
Die fristlose Kündigung ist zu begründen. Es ist genau darzulegen, mit welchen Mietzahlungen für welche Zeiträume der Mieter konkret in Verzug ist. Die alleinige Angabe der **Summe** der Mietrückstände reicht nicht aus.

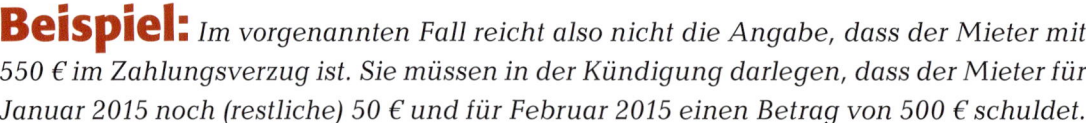

Beispiel: *Im vorgenannten Fall reicht also nicht die Angabe, dass der Mieter mit 550 € im Zahlungsverzug ist. Sie müssen in der Kündigung darlegen, dass der Mieter für Januar 2015 noch (restliche) 50 € und für Februar 2015 einen Betrag von 500 € schuldet.*

Der Kündigungsgrund entsteht bei Verzug des Mieters, der wegen der Rechtzeitigkeitsklausel (s.o.) am vierten Werktag des Monats eintritt. Bei Zahlungsverzug ist der Samstag kein Werktag, da an diesem Tag keine Bankgeschäfte erledigt werden können. Beim Zahlungsverzug zählt der Samstag daher nicht mit.

Vorsicht: *Der Mieter kann durch Zahlung des Rückstandes und der laufenden Miete die außerordentliche Kündigung bis zum Ablauf von 2 Monaten nach Zustellung der Räumungsklage unwirksam machen, d.h. der Räumungsanspruch des Vermieters kann nicht durchgesetzt werden. Diese Möglichkeit hat der Mieter einmal in zwei Jahren.*

Tipp: *Sprechen Sie neben der fristlosen (= außerordentlichen) Kündigung vorsorglich immer auch eine ordentliche Kündigung aus.*

Es empfiehlt sich, sachkundigen/rechtsanwaltlichen Rat einzuholen.

d) Laufend unregelmäßige Zahlungen

Abmahnung
Zahlt der Mieter **ständig unpünktlich** seine Miete, verhält er sich vertragswidrig, was der Vermieter nicht hinnehmen muss. Allerdings gibt dies dem Vermieter noch nicht das Recht, das Mietverhältnis ohne Weiteres fristlos zu kündigen, da das Gesetz die unpünktliche Mietzahlung nicht als fristlosen Kündigungsgrund nennt. Der Vermieter kann wegen dieses Verhaltens aber eine **Abmahnung** aussprechen und den Mieter auffordern, sein vertragswidriges Verhalten zu ändern. Bereits im Rahmen der Abmahnung muss der Mieter darauf hingewiesen werden, welche Miete er für welchen Monat wann genau zu spät gezahlt hat. Der Mieter sollte in der Abmahnung darauf hingewiesen werden, dass es wegen der **Rechtzeitigkeitsklausel** darauf ankommt, wann die Miete beim Vermieter **eingeht**. Für den Fall, dass er dieser Aufforderung nicht nachkommt, ist die Kündigung des Mietverhältnisses anzudrohen (sog. **qualifizierte Abmahnung**).

Verhält sich der Mieter nach Ausspruch der Abmahnung trotzdem vertragswidrig, kann der Vermieter die **fristlose** und hilfsweise (s.o.) die ordentliche **Kündigung** aussprechen. Hierfür ist ein weiterer einmaliger Verstoß ausreichend.

Heilung durch Nachzahlungen

Eine Heilung der fristlosen Kündigung durch Nachzahlungen ist hier (anders als bei Zahlungsrückständen) **nicht** möglich. Allerdings ist trotzdem der Ausspruch einer ordentlichen Kündigung zu empfehlen, da die vom Gericht vorzunehmende Interessenabwägung dazu führen kann, dass die fristlose Kündigung nicht greift. In diesem Fall greift jedoch subsidiär die ordentliche Kündigung, vorausgesetzt, der Mieter hat schuldhaft gehandelt.

Exkurs: Kündigungsmöglichkeiten im Überblick

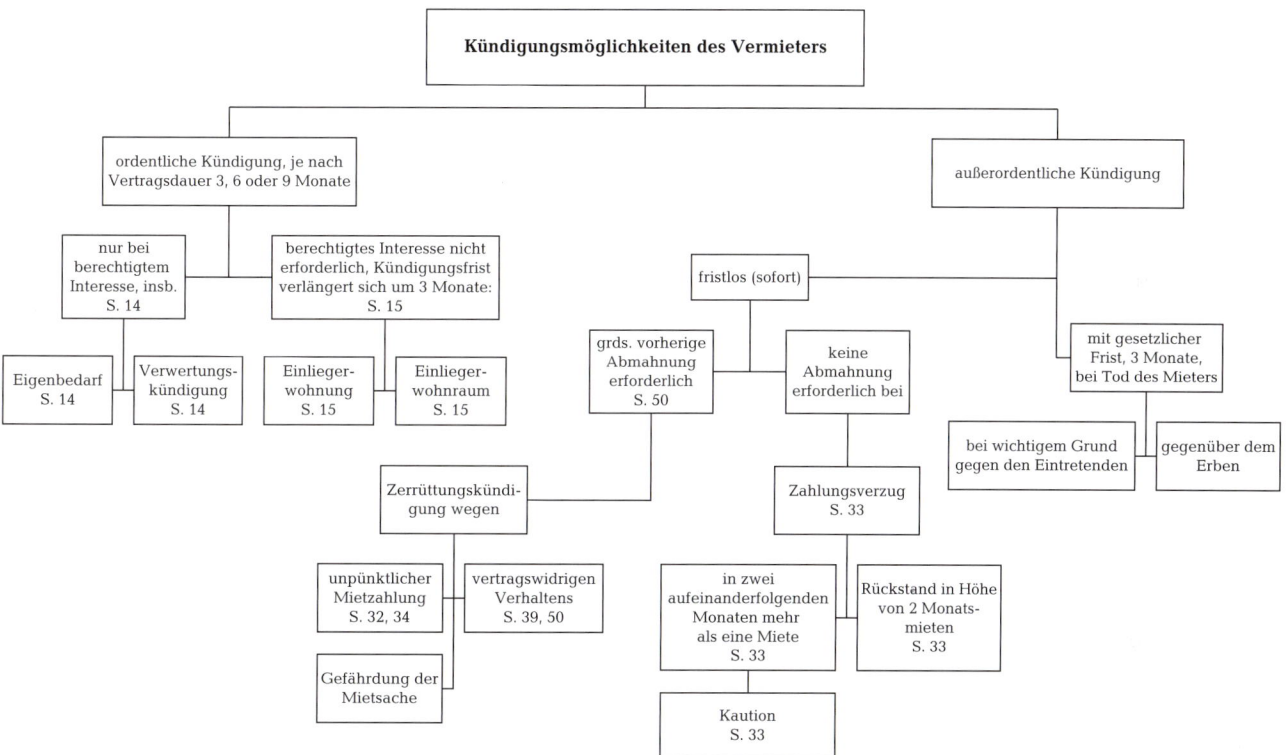

zu § 5 – Sammelheizung und Warmwasserversorgung (Wohnungs-Einheitsmietvertrag)/ zu § 5 – Heizung und Warmwasserversorgung (Vertrag für die Vermietung eines Hauses)

Heizkostenverordnung

Die Regelungen in § 5 des Mustermietvertrages folgen im Wesentlichen der Heizkostenverordnung, die zwingendes Recht darstellt und nicht abdingbar ist (d.h. es kann im Mietvertrag nichts anderes vereinbart werden). Ausnahme: Bei Gebäuden mit nicht mehr als zwei Wohnungen, von denen eine der Vermieter selbst bewohnt.

> **Tipp:** *Haben Sie also vor, Ihre* **Einliegerwohnung oder die zweite Wohnung in einem Zweifamilienhaus** *zu vermieten, können Sie die Umlage von Heizkosten und Warmwasser abweichend gestalten. Doch auch hier ist zu bedenken: Ist die Umlage unwirksam, sind die Heizkosten in der Miete enthalten. In einem solchen Fall sollten Sie sich anwaltlichen Rat holen.*

1. Verpflichtung zum Heizen

Heizperiode

Die Versorgung mit Wärme folgt aus der Verpflichtung des Vermieters, dem Mieter die Wohnung zum vertragsgemäßen Gebrauch zu überlassen. Gleichwohl finden sich in jedem Mietvertrag entsprechende Vereinbarungen zur sog. **Heizperiode**, die den Zweck haben, den vertragsgemäßen Gebrauch festzulegen, vgl. Ziff. 1 des Mustermietvertrages. Entsprechendes gilt für die Vereinbarung der Mindesttemperatur für Beheizung und Warmwasserversorgung. Die Vereinbarung einer Heizperiode bestimmt also, wann der Vermieter in jedem Fall verpflichtet ist, Heizenergie vorzuhalten.

2. Verteilungsschlüssel

Zwingender Verteilungsschlüssel

Ziff. 4 in § 5 des Mustermietvertrages zählt die umlegbaren Kosten zum Betrieb der Heizungs- und Warmwasserversorgung auf. Bei der Umlage der Kosten ist der zwingend anzuwendende **Verteilungsschlüssel** nach der Heizkostenverordnung zu beachten. Diese verbietet sowohl eine rein verbrauchsabhängige Umlage als auch eine rein nach dem Anteil der Wohn- oder Nutzfläche vorgenommene Verteilung der Kosten. Vielmehr sind von den Kosten des **Betriebs der zentralen Heizungsanlage** mindestens 50 % und höchstens 70 % nach dem erfassten Wärmeverbrauch der Nutzer zu verteilen.

Sonderfall seit dem 1.1.2009: In Gebäuden, die das Anforderungsniveau der Wärmeschutzverordnung vom 16. August 1994 nicht erfüllen, die mit einer Öl- oder Gasheizung versorgt werden und in denen die freiliegenden Leitungen der Wärmeverteilung überwiegend gedämmt sind, sind von den Kosten des Betriebs der zentralen Heizungsanlage 70 % nach dem erfassten Wärmeverbrauch der Nutzer zu verteilen.

> **Tipp:** *Prüfen Sie, bevor Sie den Umlageschlüssel handschriftlich ergänzen, welche Anforderungen die Heizungsanlage erfüllt.*

Von den Kosten des Betriebs der zentralen **Warmwasserversorgungsanlage** sind mindestens 50 % und höchstens 70 % nach dem erfassten Warmwasserverbrauch, die übrigen Kosten nach der Wohn- oder Nutzfläche zu verteilen. Zu beachten ist dabei der **generell im Haus vorgenommene Umlageschlüssel**, der einheitlich sein sollte, um die Abrechnung zu erleichtern.

Tipp: *Fragen Sie diesbezüglich bei einer Wohnungseigentumsanlage den Wohnungs-eigentumsverwalter.*

Änderung des Umlageschlüssels Die neue Heizkostenverordnung sieht hier erstmals ein **einseitiges Bestimmungs-recht** des Vermieters vor (auch nachträglich), den Umlageschlüssel aus sachge-rechten Gründen zu verändern. Die Festlegung und die **Änderung der Abrech-nungsmaßstäbe** sind nur mit Wirkung zum Beginn eines Abrechnungszeitraums zulässig.

Tipp: *Sofern keine zwingenden Gründe dagegen sprechen, sollte eine Aufteilung der Kosten einheitlich für Heizung und Warmwasser von 30/70 vorgenommen werden, wobei 70 der erfasste Verbrauch ist.*

3. Wartungskosten

Kosten für eine Gasetagen-heizung Sofern in der Wohnung eine **Gasetagenheizung** vorhanden ist, hat der Mieter ebenfalls die **Wartungskosten** zu tragen. Dem Mieter darf jedoch auf keinen Fall die Verpflichtung auferlegt werden, für die Wartung **selbst zu sorgen**.

4. Nutzerwechselgebühr

Zwischen-ablesung Zieht der Mieter während eines Abrechnungszeitraums aus, hat eine **Zwischen-ablesung** insbesondere der Heizkostenverteiler zu erfolgen. Die Kosten für die Zwischenablesung sind zwar ihrem Wesen nach Verwaltungskosten, können allerdings dem ausziehenden Mieter wegen der vertraglichen Regelung in § 5 Ziff. 9 auferlegt werden.

zu § 6 – Benutzung der Aufzugsanlagen (Wohnungs-Einheits-mietvertrag)

Aufzug Die Regelung über die Benutzung der **Aufzugsanlagen** verbindet Aspekte der Hausordnung mit solchen der Leistungsstörung. Der Ausschluss der Mieterrech-te auf ununterbrochene Leistung bei Betriebsstörungen soll verhindern, dass der Mieter bei Betriebsstörungen Schadensersatzforderungen wegen zusätzlichen Aufwands geltend macht. Die Pflicht zur Mängelanzeige auch bei Gemeinschafts-einrichtungen wie einem Fahrstuhl treffen den Mieter als vertragliche Neben-pflicht.

zu § 7 – Zustand und Übergabe der Mieträume (Wohnungs-Einheitsmietvertrag)/
zu § 6 – Zustand und Übergabe des Mietobjektes (Vertrag für die Vermietung eines Hauses)

1. Mangel der Mietsache

Mangelbegriff

Die Frage, welche vertraglichen Erhaltungspflichten den Vermieter treffen und wann eine erhebliche Abweichung des Istzustandes (tatsächlicher momentaner Zustand) vom Sollzustand (vertraglich vereinbarter Zustand) vorliegt (sog. **Mangelbegriff**), ist maßgeblich vom vertraglich vereinbarten Zustand der Mietsache abhängig.

Von entscheidender Bedeutung ist also, in welchem **Zustand** sich die **Mietsache bei Übergabe** an den Mieter befindet.

> **Tipp:** *Der Zustand der Mietsache soll daher bei Abschluss des Mietvertrages in einem Wohnungsübergabeprotokoll festgehalten werden. Dieses Protokoll wird Bestandteil des Mietvertrages, wenn ein entsprechender Vermerk im Mietvertrag selbst aufgenommen wird. Den entsprechenden Verweis können Sie unter den zusätzlichen Vereinbarungen in § 20 aufnehmen.*

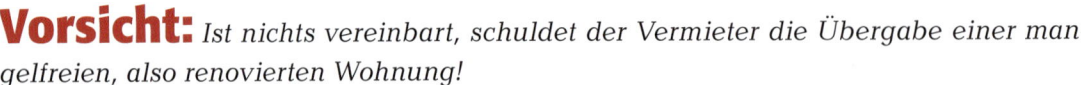

> **Vorsicht:** *Ist nichts vereinbart, schuldet der Vermieter die Übergabe einer mangelfreien, also renovierten Wohnung!*

> **EXKURS:** Durch die Mietrechtsänderung wurde das Minderungsrecht des Mieters wegen Beeinträchtigungen an der Mietsache durch eine energetische Modernisierungsmaßnahme des Vermieters eingeschränkt. Führt der Vermieter solche Maßnahmen durch, reduziert sich die Miete für die Dauer von 3 Monaten nicht. Der Mieter hat also trotz der Gebrauchsbeeinträchtigungen die volle Miete zu entrichten.

2. Vom Vermieter auszuführende Arbeiten bei Mietbeginn

Arbeiten vor Mietbeginn

Sofern der Mieter vom Vermieter **zusätzliche Ausführung** von Arbeiten wünscht, kann dies hier vermerkt werden. Der Vermieter schuldet dann die Ausführung der Arbeiten und muss sie tatsächlich vornehmen. Seien Sie daher ohne genaue Prüfung und Kostenschätzung nicht allzu freigiebig.

3. Haftungsausschluss für anfängliche Mängel

anfängliche Sachmängel

§ 7 Ziff. 3 des Mustermietvertrages regelt den Ausschluss der Haftung des Vermieters für anfängliche Sachmängel, also Mängel, die bei Vertragsschluss bereits vorhanden waren.

4. Wohnungsschlüssel

Zeitpunkt der Übergabe der Schlüssel

Zu empfehlen ist, die Wohnungsschlüssel und die Wohnung erst dann zu übergeben, wenn die erste Mietzahlung geleistet und – bei Vereinbarung einer Kaution – die bereits fällige Leistung bewirkt wurde (also bei Bürgschaften oder verpfändeten Sparbüchern die volle Leistung und bei Barkaution die erste von drei Raten).

zu § 8 – Benutzung der Mieträume, Untervermietung, Tierhaltung (Wohnungs-Einheitsmietvertrag)/ zu § 7 – Benutzung des Mietobjektes, Untervermietung, Tierhaltung (Vertrag für die Vermietung eines Hauses)

1. Zustimmungspflichtige Handlungen des Mieters

Zustimmung des Vermieters

§ 8 (bzw. § 7) des Mustermietvertrages regelt in den Ziff. 1, 2, und 4 Handlungen des Mieters, für die er die Zustimmung des Vermieters benötigt. Liegt eine entsprechende Zustimmung nicht vor, kann der Vermieter Beseitigung verlangen. Tut der Mieter dies nicht, kann der Vermieter das Mietverhältnis nach Abmahnung außerordentlich fristlos und daneben auch ohne Abmahnung ordentlich kündigen, da sich der Mieter vertragswidrig verhält.

2. Tierhaltung

Tiere

Tierhaltung gehört in begrenztem Umfang zum vertragsgemäßen Gebrauch der Mietsache und kann nicht über Gebühr eingeschränkt werden. Entscheidend ist wie immer der Einzelfall. Nach ständiger Rechtsprechung des Bundesgerichtshofs muss jedoch die Haltung von sog. Kleintieren zustimmungsfrei möglich sein, da diese die anderen Hausbewohner im Regelfall nicht stören können. Die Haltung anderer Haustiere dagegen bedarf grundsätzlich der Zustimmung des Vermieters, wobei die Zustimmung nur versagt werden darf, wenn gewichtige Interessen dagegen sprechen. Daher wäre etwa ein Verbot, Hunde oder Katzen zu halten, unwirksam.

Beispiele: *Das Halten von Hasen, Meerschweinchen und Fischen sind in der Regel zustimmungsfrei. Bei Katzen und Hunden kommt es darauf an, ob diese die übrigen Mitbewohner stören. Ist eine Störung nicht zu erwarten, kann der Vermieter zur Zustimmung verpflichtet sein.*

Wegen der umfangreichen Rechtsprechung zu diesem Thema sollte fachkundiger/rechtsanwaltlicher Rat eingeholt werden, bevor eine Abmahnung oder gar eine Kündigung allein mangels Vorliegen einer Zustimmung zur Tierhaltung ausgesprochen wird.

Der Beseitigungsanspruch ist auch nach erteilter Zustimmung durchsetzbar, wenn das Tier die anderen Hausbewohner stört.

3. Untervermietung

nicht genehmigte Untervermietung

Bei **nicht genehmigter Untervermietung** kann nach Abmahnung eine fristlose Kündigung ausgesprochen werden, wenn der Mieter die Untervermietung nicht beendet. Die Aufnahme von **Lebensgefährten** ist keine Untervermietung. Gleichwohl trifft den Mieter eine Anzeigepflicht.

Anspruch auf Untervermietung

Der Mieter hat unter bestimmten Voraussetzungen, z.B. wenn er sich die Wohnung allein nicht mehr leisten kann oder beruflich viel unterwegs ist, einen Anspruch darauf, einen Teil seiner Wohnung unterzuvermieten. Verweigert der Vermieter dann die Zustimmung, hat der Mieter ein **außerordentliches Kündigungsrecht mit gesetzlicher Frist**, wenn der Vermieter nicht zur Weigerung berechtigt war.

Vorsicht: *Dieser Trick wird vereinzelt von kundigen Mietern angewandt, um sich aus längerfristigen Mietverträgen zu lösen!*

Untermietzuschlag

Im Einzelfall kann der Vermieter die Miete **angemessenen** erhöhen und der Mieter muss sich damit einverstanden erklären (sog. **Untermietzuschlag**). Was angemessen ist, kann nicht pauschal gesagt werden. Jedenfalls ist ein **Untermietzuschlag** – entsprechend einer Regelung aus dem sozialen Wohnungsbau – in Höhe von 2,50 € monatlich zulässig, wenn der untervermietete Wohnungsteil von einer Person benutzt wird (in Höhe von 5 € bei zwei und mehr Personen). Es scheint allerdings nicht unbillig, die Miete um bis zu 20 % der monatlichen Nettokaltmiete zu erhöhen, da auch für den Vermieter die erhöhte Abnutzung seiner Wohnung wirtschaftlich abgegolten werden muss. Gesicherte Erkenntnisse für diesen Faktor gibt es allerdings kaum.

4. Weitere Pflichten

Keine Lagerung von Gegenständen etc.

Als Verhaltensregel normiert § 8 Ziff. 5 schließlich, dass es dem Mieter außerhalb der von ihm angemieteten bzw. zur gemeinsamen Nutzung überlassenen Räumlichkeiten untersagt ist, auch nur vorübergehend Gegenstände zu lagern, aufzubewahren oder abzustellen. Dies betrifft **nicht** den vielfach im Hausflur abgestellten **Kinderwagen**, da dies „sozialadäquat" ist und nicht untersagt werden kann.

zu § 9 – Elektrizität, Gas, Wasser (Wohnungs-Einheitsmietvertrag)/
zu § 8 – Elektrizität, Gas, Wasser (Vertrag für die Vermietung eines Hauses)

Besondere Nebenpflichten des Mieters

Diese Regelung bestimmt ebenfalls besondere vertragliche Nebenpflichten des Mieters, die sich zwar bereits aus dem Mietverhältnis selbst ergeben, aber zur Verdeutlichung gesondert aufgeführt sind, um den Mieter so besonders zu sensibilisieren.

Frost Unabhängig davon, dass dem Vermieter zur Gefahrenabwehr das Recht zustehen kann, die Frischwasserzufuhr zu unterbrechen, um so einen Wasserrohrbruch zu verhindern, muss im Einzelfall genau geprüft werden, ob dies wirklich erforderlich ist. Der Vermieter ist nicht berechtigt, bei Frost (also ab Temperaturen unter Null Grad Celsius!) regelmäßig die Frischwasserzufuhr von 22 bis 6 Uhr zu unterbrechen. Selbstverständlich ist der Vermieter auch zur Stellung einer Frischwasserzufuhr in den Wintermonaten verpflichtet.

 Bevor Sie sich hier ohne drohende Gefahr auf diese Regelung berufen, holen Sie umgehend fachkundigen/rechtsanwaltlichen Rat ein.

zu § 10 – Erhaltungs- und Modernisierungsmaßnahmen des Vermieters (Wohnungs-Einheitsmietvertrag)/ zu § 9 – Bauliche Maßnahmen und Verbesserungen durch den Vermieter (Vertrag für die Vermietung eines Hauses)

Duldungspflicht Bauliche Maßnahmen, also **Instandsetzungen**, hat der Mieter zu dulden, Ziff. 1. Da der Vermieter den Gebrauch der Mietsache jederzeit zu gewährleisten hat, gilt die Duldungspflicht des Mieters uneingeschränkt. Allerdings muss die jeweilige Maßnahme **objektiv erforderlich** sein. Die bloße Erneuerung von Teilen der Mietsache, die nicht instandsetzungsbedürftig sind, muss der Mieter daher nur insoweit dulden, als es sich um eine **Modernisierungsmaßnahme** handelt (also zur Verbesserung der Mietsache, zur Einsparung von Energie oder Wasser oder zur Schaffung neuen Wohnraums dient oder Ähnliches, s.o. S. 30).

objektiv erforderlich Objektiv erforderlich kann eine Instandsetzung sein, wenn sie **vorbeugend** erfolgt und bereits die **konkrete Gefahr** eines Defekts droht (z.B. marode Deckenbalken, die vom Holzbock befallen sind).

Der Mieter hat zwar für die sog. Baufreiheit zu sorgen. Das bedeutet aber nicht, dass er auch gehalten wäre, die erforderlichen Arbeiten selbst vorzunehmen. Seine Pflicht erstreckt sich im bloßen „Stillhalten". Sämtliche Kosten, die durch die Schaffung der Baufreiheit entstehen, hat der Vermieter zu tragen.

 **Beispiel:** *In der Küche Ihres Mieters gibt es einen Wasserschaden. Zur Beseitigung ist eine komplette Demontage der vom Mieter eingebrachten Einbauschränke in dem betreffenden Bereich erforderlich. Da der Mieter die Küche mit Schränken versehen durfte – ja sogar musste –, um sie vertragsgerecht zu nutzen, trägt der Vermieter sämtliche Kosten des Ab- und Aufbaus bis hin zur Reinigung der Küche, sofern Schmutz anfällt.*

 **Tipp:** *Einigen Sie sich frühzeitig mit Ihrem Mieter darauf, dass er die erforderlichen Arbeiten in Eigenregie vornimmt und verrechnen Sie seine Eigenleistung mit der Miete. Die neueste Rechtsprechung lässt dabei Stundensätze von 7,50 € bis zu 10 € zu.*

zu § 11 – Bauliche Änderungen durch den Mieter (Wohnungs-Einheitsmietvertrag)/
zu § 10 – Bauliche Änderungen durch den Mieter (Vertrag für die Vermietung eines Hauses)

1. Bauliche Veränderungen durch den Mieter

Zustimmungs-pflicht

Will der Mieter (auf seine Kosten) **bauliche Veränderungen** an der Mietsache vornehmen, ist grundsätzlich die **Zustimmung** des Vermieters einzuholen. Die Einbauten oder Veränderungen (z.B. **Neuverfliesung des Bades** oder Verlegen von **Laminat**) sind bei Mietende vom Mieter zurückzubauen. **Ausnahme:** Die Vertragsparteien haben sich ausdrücklich darauf verständigt (am besten schriftlich), dass der Rückbau nicht erforderlich ist. Der Vermieter kann im Einzelfall zur Zustimmung von Mieterbauten **verpflichtet** sein. Dann kann er aber eine **Kaution** in Höhe der Rückbaukosten verlangen. Verweigert der Mieter eine solche Kautionsleistung, ist der Vermieter nicht zur Zustimmung verpflichtet.

2. Rückbaupflicht

Rückbau durch den Mieter

Mit Unverständnis reagieren viele Mieter bei Mietende auf die Aufforderung des Vermieters, zurückzubauen. Sie meinen, sie hätten zur Wertsteigerung der Wohnung beigetragen. Das Recht des Vermieters, den Rückbau zu fordern, ergibt sich aus dem Gedanken, dass er im Falle der Neuvermietung die Einbauten übernehmen und sich bei Weitervermietung dem neuen Mieter gegenüber erhaltungspflichtig macht, obwohl er den Einbau nicht selbst oder durch seine Handwerker vorgenommen hat. Diese Erhaltungspflicht ergibt sich nur dann **nicht**, wenn eine entsprechende Vereinbarung zwischen dem ausziehenden Mieter, dem neuen Mieter und dem Vermieter zustande kommt, der Nachmieter also die Rückbauverpflichtung übernimmt.

Wegnahmerecht des Mieters

Dem Mieter steht ein gesetzliches **Wegnahmerecht** zu, dem der Vermieter nur dann widersprechen kann, wenn er einen angemessenen Ausgleich in Geld zahlt und das Interesse des Mieters an der Wegnahme nicht überwiegt.

zu § 12 – Außenantenne – Kabelanschluss (Wohnungs-Einheitsmietvertrag)/
zu § 11 – Außenantennen – Kabelanschluss (Vertrag für die Vermietung eines Hauses)

Installation einer Antenne durch den Mieter

Will der Mieter eine eigene Antenne anbringen, kann der Vermieter, wie bei den baulichen Veränderungen, in einem Antennenvertrag verlangen, dass die Antenne so auf dem Dach montiert wird, dass sie von der Straße aus nicht zu erkennen ist und sie das **äußere Erscheinungsbild des Hauses** nicht beeinträchtigt.

Installation einer Empfangsanlage durch den Vermieter

In Ziff. 2 wird der Mieter bereits bei Abschluss des Mietvertrages dazu verpflichtet, der **Installation einer Empfangsanlage zuzustimmen**. Es handelt sich dabei um eine sog. Bagatellmaßnahme, die der Vermieter nicht formell ankündigen muss und die daher nicht zustimmungsbedürftig von Seiten des Mieters ist.

zu § 13 – Instandhaltung der Mieträume (Wohnungs-Einheitsmietvertrag)/ zu § 12 – Instandhaltung des Mietobjektes (siehe auch § 13) (Vertrag für die Vermietung eines Hauses)

1. Anzeigepflicht bei Mängeln an der Mietsache

Pflicht zur Mängelanzeige

Die Regelungen weisen den Mieter ausdrücklich auf seine **Anzeigepflicht** bei Mängeln an der Mietsache, bei drohenden Gefahren und Ungezieferbefall hin, vgl. Ziff. 1 und Ziff. 3. Ist der Mieter längere Zeit abwesend, hat er einen Dritten mit der Wahrnehmung der **Kontrollfunktion** zu betrauen. Hintergrund ist, dass der Mieter durch den Gebrauch der Mietsache (einschließlich Gemeinschaftsflächen) auftretende Schäden in und am Anwesen schneller als der Vermieter erkennen kann. Soweit die Mängel in der Mietsache, also der Wohnung, auftreten, weiß das nur der Mieter. Hat der Vermieter keine Kenntnis von Mängeln, kann er auch nicht mit seiner Instandsetzungsverpflichtung in Verzug geraten. Schäden an der Außenfassade des Hauses hat der Vermieter dagegen selbst zu kontrollieren.

Folgen fehlender Mängelanzeige

Kommt der Mieter seiner **Anzeigepflicht** nicht nach, nimmt er dem Vermieter die Möglichkeit, den Mangel abzustellen. Ein Minderungsanspruch des Mieters scheidet dann aus. Entsteht dem Vermieter gar ein Schaden, kann er vom Mieter Ersatz verlangen. Dem Mieter steht in diesem Fall kein Recht zu, Ersatz für die (eigenmächtige) Beseitigung des Schadens zu verlangen. Auch eine Kündigung des Mieters ist ausgeschlossen, wenn er dem Vermieter keine angemessene Frist zur Mängelbeseitigung gesetzt hat.

Da der Vermieter grundsätzlich eine Instandhaltungspflicht hat, kann es wegen der Beseitigung von Mängeln zu Streit kommen.

 **Beispiel:** *Angebohrte Elektroleitungen. Der Vermieter muss beweisen, dass der Schaden vom Mieter verursacht wurde. Anders liegt der Fall nur, wenn es sich um Gegenstände handelt, die dem* **alleinigen** *Zugriff des Mieters ausgesetzt sind (z.B. die Sanitäreinrichtung im Bad). Treten an solchen Gegenständen Mängel auf, muss der Mieter beweisen, dass er für den Schaden nicht verantwortlich ist.*

Vorsicht: *Fordert der Mieter den Vermieter zur Beseitigung eines angezeigten Mangels binnen angemessener Frist (in der Regel zwei Wochen) auf, und bleibt der Vermieter untätig, kann der Mieter nach fruchtlosem Fristablauf die Wohnung* **fristlos kündigen!** *Der Vermieter ist daher gut beraten, in jedem Fall einem vom Mieter angezeigten Mangel nachzugehen. Ganz nebenbei erhält der Vermieter in diesem Zusammenhang ganz elegant den sonst nur schwer zu erreichenden* **Zutritt zur Mietsache.**

2. Vertragsgemäßer Gebrauch

bestimmungsge-mäßer Gebrauch

Ziff. 2 regelt den sog. **vertragsgemäßen Gebrauch.** Hierzu gehört jeder Gebrauch der Mietsache zu ihrem **bestimmungsmäßigen Gebrauch.**

Eine Ersatzpflicht – unabhängig von einer Schönheitsreparaturverpflichtung – besteht nur, wenn das **übliche Maß überschritten** wird. Hier gehen die Meinungen weit auseinander. Eine Richtschnur ist die sog. Verkehrssitte. Das ist die allgemeine Anschauung dessen, was durchschnittlich üblich ist.

Beispiel: *Bei einer Vermietung zu Wohnzwecken gehört zum bestimmungsgemäßen Gebrauch z.B. das Anbringen von Dübeln, Haken und Schrauben.*

Da der vertragsgemäße Gebrauch nicht wirksam durch allgemeine Geschäftsbedingungen eingeschränkt werden kann, kann der Mieter entgegen einer weit verbreiteten Auffassung vieler Vermieter insbesondere nicht verpflichtet werden, Dübellöcher zu verschließen, sofern der Mieter die Beseitigung nicht im Rahmen seiner Schönheitsreparaturverpflichtung schuldet. Man darf damit rechnen, dass ein Durchschnittsmieter im Bad einen Spiegel, einen Oberschrank, bei entsprechender Größe des Bades eventuell noch eine Ablage und ein Regal sowie die entsprechenden Handtuch- und Toilettenpapierhalter anbringt. Ist eine Anbringung aufgrund der zwingenden Anordnung der Gegenstände nicht ausschließlich durch Bohrung in die (besser zu verschließenden) Fliesenfugen möglich, ist der Mieter sogar berechtigt, wo erforderlich, die Fliesen anzubohren.

 Bevor Sie hier möglicherweise unberechtigte Forderungen gegen den Mieter geltend machen, sollten Sie fachkundigen/rechtsanwaltlichen Rat einholen.

3. Anzeigepflicht bei Ungezieferbefall

Ungeziefer

Ungezieferbefall ist ein Mangel, der zur Minderung führt, es sei denn, der Mieter hat den Ungezieferbefall selbst verursacht. Hat er dies nachweislich selbst verursacht, kann er zur **Beseitigung auf eigene Kosten** verpflichtet sein, jedenfalls aber zur Übernahme der Kosten, die dem Vermieter durch die Beseitigung entstehen.

zu § 13 – Kleinreparaturen (Vertrag für die Vermietung eines Hauses)

Kleinreparaturen

Grundsätzlich trägt der Vermieter die gesamte Erhaltungspflicht der Mietsache. In engen Grenzen ist es jedoch möglich, dem Mieter **Instandsetzungskosten** für Einrichtungen der Mietsache aufzuerlegen, die seinem unmittelbaren und alleinigen Zugriff unterliegen. Nicht zulässig ist es allerdings, dem Mieter die **Instandhaltungsverpflichtung** selbst aufzuerlegen, da er dann mit dem vollen Risiko belastet wäre. Der Mieter darf auch **nicht über Gebühr** (siehe unten) mit den Kosten für Instandhaltungen belastet werden, da dies letztlich zu einem Ausschluss der Pflichten des Vermieters führen würde.

Höhe der Reparaturkosten

Die Reparaturkosten dürfen im Einzelfall 100 € **nicht** überschreiten. Die Belastungsgrenze im Jahr darf **8 % der Jahresnettokaltmiete** nicht übersteigen.

Die Verpflichtung des Mieters greift allerdings nur, wenn die Reparaturkosten im jeweiligen Einzelfall tatsächlich **unter** dem vereinbarten Betrag liegen. Liegen sie darüber, hat der Mieter überhaupt keine Kosten zu tragen. Die Summe der vom Mieter übernommenen Kosten dürfen 8 % der Jahresnettokaltmiete im laufenden Mietjahr nicht überschreiten.

zu § 14 – Pfandrecht des Vermieters – Sicherheitsleistung (Kaution) (Wohnungs-Einheitsmietvertrag)/ zu § 14 – Pfandrecht des Vermieters (Vertrag für die Vermietung eines Hauses)

gesetzliches Pfandrecht

Dem Vermieter steht (wegen seiner Ansprüche aus dem Mietverhältnis) ein **gesetzliches Pfandrecht** an den im Eigentum des Mieters stehenden Gegenständen zu.

Auskunftsanspruch des Vermieters

Da oftmals zweifelhaft ist, ob ein bestimmter Gegenstand überhaupt dem Mieter gehört, ist der Mieter verpflichtet anzuzeigen, wenn Gegenstände gepfändet wurden. Der Vermieter hat hierfür einen Auskunftsanspruch gegen den Mieter.

Sicherheitsleistung

Die Vertragsparteien können vereinbaren, dass der Mieter zur Sicherung der Ansprüche des Vermieters eine Sicherheitsleistung (**Kaution**) leistet.

Arten der Kaution

Das Gesetz lässt neben der ausdrücklich erwähnten Barkaution auch **„andere Anlageformen"** zu. Allerdings folgt aus dem Zweck der Sicherheitsleistung bereits, dass eine andere Anlageform ebenso sicher sein muss wie eine Spareinlage. In der Praxis haben sich daher die Bürgschaft (insbesondere in Form einer Bankbürgschaft) und die Verpfändung eines vom Mieter angelegten Sparbuchs herausgebildet. Zu empfehlen ist jedoch allein eine **Barkaution**. Denn sollte der Mieter die Kaution nicht wie vereinbart leisten, ist eine Barkaution leichter durchsetzbar als jede andere Anlageform, da zur Durchsetzung auf Zahlung geklagt werden kann. Eine andere Anlageform, wie beispielsweise eine Bürgschaft einer Bank, kann nicht erzwungen werden, da die Bank keine Bürgschaft übernehmen muss. Der Mieter ist nicht berechtigt, die vereinbarte Barkaution durch eine andere Sicherheitsleistung zu ersetzen.

Zu beachten ist, dass der Mieter die Zahlung der Barkaution davon abhängig machen darf, dass der Vermieter ihm ein getrennt von seinem Vermögen angelegtes insolvenzsicheres Konto benennt. Wird dieser Nachweis nicht erbracht, kann der Mieter die Zahlung der Kaution zurückhalten.

Höhe Die Kaution darf **3 Nettokaltmieten** nicht übersteigen. Wird eine Barkaution vereinbart, darf der Mieter die Kaution in drei gleichen Raten leisten, wobei die erste Rate mit Mietbeginn fällig ist.

Höchstgrenze Die **gesetzliche Höchstgrenze** für die Kaution (**3 Nettokaltmieten**) ist festgeschrieben. Sie kann weder durch eine Individualabrede (= Absprache zwischen Vermieter und Mieter) noch durch zusätzliche (individuelle) Sicherheiten erhöht werden. In der Praxis häufig anzutreffen sind die Fälle, in denen ein wirtschaftlich schwacher Mietinteressent (z.B. Auszubildender, Student) aufgefordert wird, neben einer Barkaution die Bürgschaft der Eltern beizubringen. Diese zusätzliche Sicherheitsleistung ist nur wirksam, wenn sie auf **ausdrücklichen Wunsch** der Eltern oder eines anderen Dritten erfolgt, der nicht am Mietvertrag beteiligt ist. Der Vermieter muss im Falle eines Streits beweisen, dass der Dritte, also nicht der Mieter, die zusätzliche Sicherheit tatsächlich von sich aus angeboten hat.

Tipp: *Um dieser Unsicherheit aus dem Weg zu gehen, sollten die Eltern oder andere Dritte sogleich als Vertragspartner neben dem eigentlichen Mieter in den Mietvertrag aufgenommen werden. Auf diese Weise haften sie für die gesamten Verbindlichkeiten als* **Gesamtschuldner** *mit und damit weit mehr, als sie es als Bürgen tun würden. Problematisch ist dies aber bei Ein-Raum-Wohnungen, da dann die Umgehung des Mieterschutzes offensichtlich ist.*

zu § 15 – Betreten der Mieträume durch den Vermieter (Wohnungs-Einheitsmietvertrag)/
zu § 15 – Betreten des Mietobjektes durch den Vermieter (Vertrag für die Vermietung eines Hauses)

Unbeschränktes Besitzrecht Zum Wesen des Mietvertrages gehört die Überlassung des **unbeschränkten Besitzes** der Wohnung.

Zutritt durch den Vermieter Verlangt der Vermieter Zutritt zur Wohnung, hat der Mieter dies grundsätzlich nur bei Vorliegen eines besonderen Anlasses zu dulden. Ein **wichtiger Grund** liegt vor z.B. bei:

– Besichtigung der Wohnung mit **Nachmietinteressenten**, wenn die Beendigung des Mietverhältnisses mit hinreichender Sicherheit feststeht, oder

– Besichtigung mit **Kaufinteressenten** bei bevorstehendem Wohnungsverkauf.

Die Häufigkeit und die Intensität der Besichtigungen müssen im **angemessenen** Rahmen bleiben. Verweigert der Mieter in solchen Fällen ohne besonderen sachlichen Grund wie Krankheit eine Besichtigung, kann er zum Schadensersatz verpflichtet sein.

Abwehr drohender Schäden

Ein wichtiger Grund, die Wohnung zu betreten, kann vorliegen, wenn ein **konkreter** Anhaltspunkt für einen **drohenden Schaden** besteht.

Besichtigungsrecht des Vermieters

Grundsätzlich sollte das Besichtigungsrecht mit ausreichender Frist vorab **angekündigt** werden (**zwei Wochen** sind im Regelfall ausreichend). Dies gilt selbstverständlich nicht bei Gefahr im Verzug.

Notfälle

Bei einem Notfallschaden ist der Vermieter berechtigt, die Mietsache auch <u>ohne</u> (nicht jedoch <u>gegen</u>!) den Willen des Mieters zu betreten, wenn dieser nicht erreichbar ist. Verweigert der Mieter den Zutritt, kann der Vermieter nur im Wege des **einstweiligen Rechtsschutzes** den Zutritt zur Mietsache erzwingen.

 Fachkundigen/rechtsanwaltlichen Rat einholen.

zu § 16 – Vorzeitige Beendigung der Mietzeit (Wohnungs-Einheitsmietvertrag)/ zu § 17 – Vorzeitige Beendigung der Mietzeit (Vertrag für die Vermietung eines Hauses)

Schadensersatz

War der **Vermieter** zur fristlosen Kündigung berechtigt, und endet das Mietverhältnis aus diesem Grund vor Ablauf einer vereinbarten Mietzeit (oder war ein Kündigungsausschluss vereinbart), haftet der Mieter bis zum Ende der vereinbarten Vertragslaufzeit (längstens jedoch für den Zeitraum von 1 Jahr nach Rückgabe). Der **Schadensersatz** des Vermieters geht dabei grundsätzlich auf **vollständige Erfüllung des Vertrages**. Der Mieter hat ihm also bei Leerstand den vollständigen Betrag in Höhe der vereinbarten Miete zu ersetzen. Kann der Vermieter die Räume weitervermieten, schuldet der gekündigte Mieter nur den Ersatz in Höhe einer etwaigen Differenz.

Kündigungsfolgeschaden

Daneben kann der **Vermieter** Anspruch auf Ersatz eines weiteren **Kündigungsfolgeschadens** haben.

 **Beispiel:** *Rechtsanwaltskosten, Renovierungskosten, Maklerkosten, Kosten für das Inserieren der Wohnung in den Medien etc.*

Auch der **Mieter** hat für den Fall, dass er zur fristlosen Kündigung berechtigt war, einen Anspruch auf Ersatz seines **Kündigungsfolgeschadens**.

Beispiel: *Ersatz der Umzugskosten in die neue Wohnung, eine möglicherweise angefallene Maklercourtage, Kosten für Wohnungsinserate, Ummeldungen, extra aufgewandte Neuanschaffungen wie Gardinen, Teppiche etc. bis hin zu den Finanzierungskosten für die zu stellende Kaution der neuen Wohnung, soweit diese anfielen. Schließlich kann der Mieter Ersatz der Mietdifferenz geltend machen, sofern die Miete der neuen Wohnung die der gekündigten übersteigt.*

zu § 17 – Rückgabe der Mietsache (Wohnungs-Einheitsmietvertrag)/
zu § 16 – Rückgabe des Mietobjektes (Vertrag für die Vermietung eines Hauses)

1. Zustand der Mietsache bei Rückgabe

Ganz wesentlich im Rahmen der Abwicklung ist die Frage, in welchem **Zustand** der Mieter die Wohnung zurückzugeben hat. Hierzu kann bereits auf die obigen Ausführungen zu den **Schönheitsreparaturen** verwiesen werden (s.o. S. 25 f.).

Entfernung aller Gegenstände und Rückgabe der Schlüssel

Klar ist, dass sämtliche **Einbauten und Gegenstände** des Mieters zu entfernen und alle **Schlüssel** (auch die vom Mieter selbst angefertigten) herauszugeben sind. Tut er dies nicht, haftet er für die Kosten für die Neuanfertigung des Schlüssels und/oder den Austausch der Wohnungszylinder.

Sauberkeit

Die Frage nach der **Sauberkeit** beschäftigt immer wieder die Gerichte, da hier ganz persönlich unterschiedliche Anforderungen gestellt werden. Unter Berücksichtigung des vertragsgemäßen Gebrauchs muss es der Vermieter wohl hinnehmen, dass z.B. der Fußboden nicht nur Abnutzungen, sondern auch Schmutz aufweist, der zwar chemisch, aber nicht konventionell oder gar mit umweltfreundlichen Materialien, rückstandslos beseitigt werden kann. Hier entscheidet letztlich der Einzelfall.

2. Betretungsrecht des Vermieters

eigenmächtiges Betreten

Ein eigenmächtiges Betreten der Mietsache durch den Vermieter ist auch nach Mietvertragsende **nur** dann zulässig, wenn durch äußere Umstände erkennbar ist, dass der Mieter den Besitz an der Wohnung vollständig aufgegeben hat. Allerdings ist es ratsam, den Mieter – sofern er noch erreichbar ist – zusätzlich zur ausdrücklichen Besitzaufgabe aufzufordern.

3. Zwangsweise Durchsetzung der Räumung

Räumung

Gibt der Mieter die Wohnung nach Beendigung des Mietvertrages nicht zurück, darf der Vermieter nicht eigenmächtig die Wohnung öffnen, wenn sich der Mieter weiterhin in der Wohnung aufhält. Verschafft sich der Vermieter trotzdem eigenmächtig Zutritt, handelt es sich dabei um verbotene Eigenmacht, die sogar strafbar sein kann (Hausfriedensbruch). Zur **zwangsweisen Räumung** ist allein der Gerichtsvollzieher berechtigt, der auf Grundlage eines Räumungsurteils des zuständigen Amtsgerichts die Wohnung zwangsweise öffnen und den Mieter aus der Wohnung setzen darf – notfalls unter Hinzuziehung der Polizei. Erforderlich ist also immer ein **Räumungsurteil**.

Ist ein **Räumungsurteil** erstritten worden, muss der **Gerichtsvollzieher** mit der Räumung beauftragt werden. Im Wesentlichen haben sich hier zwei Varianten durchgesetzt: die sog. **klassische Räumung** oder eine Räumung nach dem **„Berliner Modell"**. Während bei der klassischen Räumung hohe Kosten durch Abtransport etwaiger Gegenstände durch ein Umzugsunternehmen anfallen, beschränkt sich die **„Berliner Räumung"** darauf, den Mieter aus der Wohnung zu setzen. Die Gegenstände bleiben in der Wohnung, was nicht unproblematisch ist, da der Vermieter ab diesem Zeitpunkt für die Gegenstände des Mieters verantwortlich ist. Hier ist unbedingt anwaltlicher Rat hinzuzuziehen.

Weitere Personen in Wohnung

Stellt sich erst bei der Räumung heraus, dass sich neben dem Mieter **andere Personen** in der Wohnung aufhalten, die behaupten, dort zu wohnen (etwa durch einen **Untermietvertrag**), kann bei Gericht im beschleunigten Verfahren ein Räumungstitel erlangt werden, wenn ein Räumungsurteil gegen den Mieter vorliegt.

 Sie sollten unbedingt fachkundigen/rechtsanwaltlichen Rat einholen.

4. Mietnomaden

Verwahrlosung der Wohnung

Diese Grundsätze gelten auch, wenn es sich um Personen handelt, die in betrügerischer Absicht Mietverhältnisse begründen, keine Miete zahlen und die Wohnung u. U. verwahrlost zurücklassen (sog. **Mietnomaden**) oder sich herausklagen lassen. Selbst wenn vermeintlich offenkundig ist, dass der Mieter niemals vorhatte, Mieten zu zahlen, muss ein ordentliches Verfahren angestrengt werden. Es kann jedoch dann, wenn eine Räumungsklage mit einer Zahlungsklage verbunden wird, eine sog. **Sicherungsanordnung** beantragt werden, die dazu dient, die während des Prozesses auflaufenden Mietrückstände zu sichern. Zudem kann bei Verstoß des Mieters gegen diese Sicherungsanordnung eine **Räumungsverfügung** erlangt werden.

 Sie sollten unbedingt fachkundigen/rechtsanwaltlichen Rat einholen.

zu § 18 – Mehrere Personen als Vermieter oder Mieter (Wohnungs-Einheitsmietvertrag)/
zu § 18 – Mehrere Personen als Vermieter oder Mieter (Vertrag für die Vermietung eines Hauses)

Gesamtschuldner

Treten auf Mieterseite mehrere Personen auf, haften diese als **Gesamtschuldner**. Das heißt, dass jeder einzelne voll für die Verbindlichkeiten (Mieten, Betriebskosten, Schadensersatz) gegenüber dem Vermieter haftet. Der Vermieter ist freilich nur berechtigt, die Leistung einmal zu fordern.

Empfangsbevoll-mächtigung

Die hier geregelte gegenseitige **Empfangsbevollmächtigung** reicht soweit, dass Betriebskostenabrechnungen, Mieterhöhungserklärungen, aber auch die Kündigung des Vermieters jedem Mieter als zugegangen gelten, wenn diese **an alle Mieter adressiert** sind, aber nur einem Mieter zugehen.

zu § 19 – HAUSORDNUNG (Wohnungs-Einheitsmietvertrag)/ zu § 19 – Weitere Vereinbarungen (Vertrag für die Vermietung eines Hauses), evtl. Anlage zum Vertrag „Haus- und Grundstücksordnung")

Verhaltenspflich-ten des Mieters

Die **Hausordnung** normiert die Verhaltenspflichten der Mieter untereinander und die Sorgfaltspflichten im Rahmen der Nutzung der Mietsache (auch hinsichtlich der Gemeinschaftsflächen). Der Mieter wird daneben auf ordnungsrechtliche Bestimmungen hingewiesen, die im Interesse der Sicherheit aller einzuhalten sind.

Verstoß gegen die Hausordnung

Da die Hausordnung **Inhalt des Mietvertrages** ist, ist ein **Verstoß** gegen die Hausordnung **vertragswidriges Verhalten** des Mieters, sofern nicht der Mietvertrag oder eine außerhalb des Vertrages liegende Vereinbarung etwas anderes zwischen den Parteien bestimmt.

Abmahnung

Vertragswidriges Verhalten des Mieters (z.B. Ruhestörungen, Verschmutzung oder nicht genehmigte Untervermietung) ist grundsätzlich förmlich (d.h. schriftlich) **abzumahnen**. Setzt der Mieter sein vertragswidriges Verhalten fort, kann der Vermieter die **fristlose**, hilfsweise ordentliche **Kündigung** des Mietverhältnisses aussprechen. Ebenso wie bei der unpünktlichen Mietzahlung reicht hierzu ein **einziger weiterer Verstoß gegen das abgemahnte Verhalten**.

Tipp: *Bei der Abmahnung müssen die Vertragsverstöße so genau wie möglich bezeichnet sein, damit feststellbar ist, dass es sich um einen **erneuten** Verstoß handelt. Nur so kann man eine Kündigung aussprechen.*

Weitere, andere Störung durch den Mieter

Stört der Mieter erneut, aber auf **andere Weise**, kann mangels vorhergehender Abmahnung keine Kündigung wegen dieses Verhaltens ausgesprochen werden. Vielmehr ist erneut eine **Abmahnung** erforderlich. Gleichwohl kann eine hilfsweise ausgesprochene ordentliche Kündigung wirksam sein, wenn die Vertragsverletzung so schwerwiegend ist, dass ein **berechtigtes Interesse** des Vermieters zur Beendigung des Mietverhältnisses vorliegt.

Minderungs-ansprüche

Sofern durch das vertragswidrige Verhalten des Mieters andere Mieter im Gebrauch ihrer Mietsache (einschließlich Gemeinschaftsflächen) beeinträchtigt sind, stehen – neben Schadensersatzansprüchen – **Minderungsansprüche** im Raum, für die der störende Mieter ersatzpflichtig ist.

 Es empfiehlt sich, sachkundigen/rechtsanwaltlichen Rat einzuholen.

zu § 20 – Weitere Vereinbarungen (Wohnungs-Einheits-mietvertrag)/
zu § 19 – Weitere Vereinbarungen (Vertrag für die Vermietung eines Hauses)

Salvatorische Klausel

Die letzte Regelung des Mustermietvertrages enthält eine sog. **salvatorische Klausel**, die besagt, dass die Unwirksamkeit einer einzelnen Bestimmung des Vertrages **(Teilnichtigkeit)** nicht die Nichtigkeit des gesamten Mietvertrages zur Folge hat.

Mündliche Nebenabreden

Schließlich sollen Änderungen des Vertrages schriftlich bestätigt werden. Das führt aber nicht dazu, dass eine außerhalb des schriftlichen Vertrages getroffene **mündliche Vereinbarung** grundsätzlich nicht möglich ist. Ganz im Gegenteil: Eine echte mündliche Nebenabrede geht den allgemeinen Vertragsbedingungen (als sog. **Individualabrede**, s.o.) sogar vor und ersetzt die abgeänderte Vertragsklausel des Mustermietvertrages. § 20 Ziff. 1 Satz 3 des Wohnungs-Einheitsmietvertrages will die Mietvertragsparteien dahingehend sensibilisieren, Vereinbarungen schriftlich zu dokumentieren, um Streit zu vermeiden.

Ergänzungsmöglichkeiten

Endlich findet sich hier noch Raum, den Vertrag (individuell) zu ergänzen. Aber **Vorsicht**: Nicht jede Ergänzung ist gleich als (wirksame) **Individualvereinbarung** zu verstehen, nur weil sie nicht zum Vertragsmuster gehört. Entscheidend ist, dass beide Vertragspartner, also insbesondere der Mieter, **Einflussmöglichkeiten** auf die Gestaltung der Abrede haben müssen.

Schönheitsreparaturen

Zu Schönheitsreparaturen und Renovierungszuschuss bzw. den Tipp hierzu siehe oben S. 25 f.

 **Tipp:** *Bei der Verpflichtung zur Übernahme einer Endrenovierung oder laufender anderweitiger Verpflichtungen hat der Mieter wohl kaum eine Einflussmöglichkeit. Sicherlich wird ein Mieter sich mit einer vom Vermieter vorsichtig in den Raum gestellten Endrenovierung einverstanden erklären. Doch tut er dies wohl nur, um (in dieser Zwangslage) die Wohnung anmieten zu können. Er hatte vielleicht keine andere Wahl. Dann ist eine solche Verpflichtung unwirksam, auch wenn sie schriftlich vereinbart worden ist.*

Beweisschwierigkeiten

Individualvereinbarungen, also Vereinbarungen zwischen Mieter und Vermieter außerhalb des Vertragsmusters, sind selbstverständlich möglich (auch und gerade in Bezug auf eine Endrenovierung), sie zu beweisen ist aber schwer. Zu guter Letzt ist zu bedenken: Die Regelungen des vorliegenden Mustervertrags sind genau aufeinander abgestimmt. **Zusätzliche Regelungen**, die eventuell später vor Gericht nicht als Individualvereinbarungen anerkannt werden, können dazu führen, dass eine gerade noch wirksame Klausel von dieser Vereinbarung „infiziert" wird und dadurch die entsprechende Regelung insgesamt **unwirksam** macht.

Sachregister

(Die Zahlen beziehen sich auf die Seiten)

Persönliche Notizen